라포르

라포르

박지연

강하이

강은주

서수상

박제완

허종주

수나꽃

연이서

윤 오

[라포:르(Rapport)]. 사람 사이의 상호 신뢰관계를 나타내는 심리학 용어로, '다리를 놓다'라는 프랑스어에서 유래하였다.

많은 사람들이 한 번쯤 라포를 형성해야 한다거나 라포가 중요하다는 말을 들어보았을 것이다. 관계 맺음의 중요성은 우리 사회에서 그만큼 강조되어왔다. 우리는 태어난 이상, 좋든 싫든 무수히 많은 타자들과 관계 맺으며 살아간다. 혼자서는 살아갈 수 없도록 연약하게 만들어진 존재들이기에 별 수 없이 서로에게 기대어 함께 살아가는 수밖에 없다. 우리는 가장 약한 부분을 내보이고 배를 드러낸 채, 상대방이 내가 한눈을 판 사이 나를 찔러 죽이지 않을 거라고 믿으면서, 서로가 살아남을 수 있도록 곁을 내어준다. 그러나 이런 신뢰 관계를 만드는 것은 정말이지, 정말이지 쉽지가 않다.

여기, 서로 이해하고 관계 맺으며 함께 살아내기 위해 고군분투하는 이들의 이야기 아홉 편이 있다. 누군가는 어머니에게, 누군가는 친구에게, 동료에게, 연인에게, 자기 자신에게… 또는 꿈이나 추억, 아니면 세계에… 등을 내어주고 연을 맺으면서 얽히고설켜 살아간다. 이 아홉 편의 이야기가 독자들에게도 함께 살아가기 위한 믿음과 용기로 나아가는 다리로써 가 닿기를 바란다.

- 공동저자 中 강하이

차 례

들어가며 · 5

박지연 **블루라인** · 9

강하이 **그녀의 클레멘타인** · 29

강은주 **괜찮은 척하는 것은 괜찮은 게 아니다.** · 53

서수상 **오빠 책상** · 71

박제완 **한 발 한 발** · 97

허종주 **꽃에 얽힌 이야기** · 125

수나꽃 **이러한 저러한** · 139

연이서 **No name** · 153

윤오 **삶이 그대를 속일지라도** · 173

블루라인

박지연

박지연　올해 봄의 끝자락에서 갑자기 자전거를 끌고 제주도로 떠났습니다. 짐받이에 실린 짐만큼이나 무겁게 들고 갔던 고민들을 종주 길 위에서 하나 둘 풀어갔고 이를 소설로 담았습니다. 꿈과 현실에서 방황하던 저의 솔직한 고백이 또 다른 누군가의 공감 거리가 되고 조금이나마 위로가 되기를 소망합니다.

email : underyourhat0825@naver.com

이랑은 갑판으로 나와 한쪽 펜스에 몸을 기댔다. 자정이 조금 넘어 목포에서 출발한 배는 밤바다를 가르며 나아가는 중이었다. 어스름한 섬들은 마치 유령처럼 배를 쫓았다 멀어졌고 까만 바닷속은 깊이를 알수 없어 섬뜩했다. 차디찬 바닷바람이 그녀의 옷 속으로 밀려 들어왔다. 풀어진 머리카락은 쉴 새 없이 펄럭였다. 그녀는 눈을 감은 채 공기를 한껏 들이마셨다.

"면접을 열심히 준비하셨네요. 그럼 마지막으로 한 가지 더 여쭤볼게요. 앞선 응시자분도 이랑 씨와 비슷한 조건으로 대답을 잘해주셨는데, 그분을 떨어뜨리고 이랑 씨를 뽑아야 하는 이유가 있을까요?"

"그건……"

배에 오르기 불과 몇 시간 전, 이랑은 면접관들과 마주 앉아 있었다. 다시는 돌아가지 않으리라 다짐한 회사 생활이었으나 줄어드는 통장 잔고와 여러 압박 속에 억지로 내몰린 자리였다. 하지만 평소 어떤 일이든 성실히 임하는 습관 때문인지 그녀는 준비를 철저히 했고, 직무에 관련된 질문들에 어렵지 않게 답변을 해나가고 있었다. 그러다 마지막 질문에 와서 제동이 걸렸다.

"……아까도 말씀드리긴 했지만, 저는 이전 회사에서 이와 같은 업무가 제게 잘 맞는다는 생각이 들었습니다. 저는 누구보다도 이 일에 가치를 가지고 책임감 있게 일할 자신이 있습니다."

이랑은 없던 열정을 쥐어짜 보았지만, 대답은 어쩐지 속이 빈 껍데기 같았다. 그녀는 울렁거리는 마음을 애써 다독이며 면접실을 나왔다. 그녀의 구두 소리가 텅 빈 복도에 공허하게 울려 퍼졌다.

"잠시 후 저희 누비호는 목적지인 제주항에 도착할 예정이오니 자동차나 자전거를 가지고 온 승객분들께서는 지하로 내려가시어 하선 준비를 해주시기 바랍니다. 다시 한번 말씀드립니다……"

잔잔한 음악 소리와 함께 흘러나오는 안내방송에 이랑은 덮고 있던 우비와 옷가지들을 걷으며 일어났다. 창문을 내다보니 어느덧 동이 트기 시작해 날이 환했다. 가장 저렴한 객실에서 밤을 보낸 그녀는 사방으로 새어 들어오는 한기 탓에 잠을 설쳤다. 짐을 줄여보겠다고 담요한 장도 챙겨 오지 않은 터라 추위를 막아 줄만 한 것들을 하나씩 꺼내 덮다 보니 어느새 길거리 노숙자 같은 꼴이 되어있었다. 몸은 얼어 빳빳했고 속은 냉했다. 그녀는 배에서 내리면 가장 먼저 국밥집에 들러 뜨끈한 국물을 속에 퍼다 넣어야겠다고 생각하고 지하실로 내려갔다.

매연으로 가득해 숨이 턱턱 막혀오는 지하실은 혼돈 그 자체였다. 차와 자전거를 찾으려는 사람들이 위층에서 좁은 계단을 따라 물밀듯

내려왔고 다들 빽빽하게 늘어선 차들 사이에서 방향을 잃어 우왕좌왕
이었다. 자전거를 지하 어느 한 곳에 묶어 놓은 이랑도 몽롱한 정신으
로 그 물결에 휩쓸려 다녔다. 그러던 중 헬멧을 쓰고 라이딩 복까지 갖
춰 입은 무리가 줄지어 내려왔고 이랑은 가만히 그들을 따라갔다. 거
대한 화물차들을 지나니 머지않아 어젯밤 자전거를 실으러 왔던 익숙
한 공간이 나타났다. 그곳에는 이미 많은 사람이 자전거를 옆에 하나
씩 끼고 서서 문이 열리기만을 기다리고 있었다. 그들 대부분은 제주
도 종주를 하러 온 사람들로, 값비싸 보이는 자전거도 눈에 띄었다. 이
랑은 무리 맨 뒤에 자전거를 세웠고 그들과 같이 머리에 헬멧을 얹었
다. 배가 곧 굉음을 내며 입을 벌렸다.

"엄마. 나 제주도 좀 다녀올게. 자전거 끌고."
"설마 그 자전거?"
"응."
"미쳤다."
이랑의 자전거는 그녀의 엄마가 우유배달을 시키면서 사은품으로
받은 저가 생활용 자전거였다. 스웨이라는 이름에 흰색 몸체, 넓은 안
장, 접이식이 장점이라면 장점인 녀석이었다. 동네 마트에 가거나 근
처 공원을 산책하기에 제격이었다. 그런 자전거를 끌고 집에서 한참
떨어진 제주도에 가겠다는 그녀의 말에 부모님은 격려보단 우려를 앞
세웠다. 그런데도 그녀는 기어코 자전거를 제주도까지 데려와 항구부
터 이어진 파란 선, 즉 종주 길에 접어들었다. 아직 새벽이라 거리는

한산했고 길가에 심어진 열대 나무들은 그녀가 제주도에 왔음을 실감
케 했다.

"빨리 따라가! 다들 벌써 갔어!"

제주항 버스정류장에 서 있던 한 할아버지가 뒤늦게 항구를 빠져나
가는 이랑을 보고 다그쳤다. 실제 보니 자전거 무리가 저만치 멀어져
가고 있었다. 스포츠용 마스크로 얼굴을 가린 이랑은 눈만 내놓고 배
시시 웃어 보였다. 추위와 피곤함에 절어있던 그녀는 몸이 물먹은 솜
처럼 무거웠고, 사정은 자전거도 마찬가지였다. 그녀는 그저 파란 선
만 따라가자는 심산으로 더디게 나아갔다.

이랑은 얼마 가지 않아 발견한 해장국집에서 배 속을 든든히 채웠
다. 그제야 기운이 좀 생긴 그녀는 가파른 언덕을 쉼 없이 올라 용두암
에 도착했다. 그녀는 종주 수첩에 첫 번째 인증 도장을 찍고는 숨을 고
를 겸 근처 공항으로 날아드는 비행기를 구경하고 있었다. 그때 그녀
뒤로 누군가 말을 걸어왔다.

"저기 혹시 자전거로 여행 온 거예요?"

아까 이랑이 앞질러 간 동네 아주머니였다. 아침 산책을 하던 아주
머니는 짐받이에 위태롭게 묶인 가방과 이랑을 번갈아 가며 호기심 어
린 눈빛으로 쳐다봤다. 그렇게 둘의 대화는 한동안 이어졌다.

"여자 혼자서, 정말 대단해. 왜 나는 젊었을 때 그런 생각을 못 해 봤
나 몰라."

"지금도 늦지 않으셨어요."

이랑은 겸연쩍어하며 말했다.

"아이고, 지금은 체력이 안 되지. 그나저나 학생이에요? 아니면 직장 다니나?"

아주머니의 물음에 이랑은 우물쭈물했다. 5개월 전 다니던 직장에서 나와 실업급여를 받고 있던 그녀는 어느 선택지에도 속하지 못했다. 이랑은 얼마 전 마트에서 마주친 동창에게 그녀를 소개하던 엄마의 모습이 떠올랐다.

"딸은 대학생? 아니면 회사 다녀?"

"얼마 전까지 서울에서 직장 생활하다가 내려와서 지금은 자격증 공부 중이야. 다른 회사에서 일해보라고 연락이 오는데도 글쎄 안 가겠다네. 엄마랑 사는 게 너무 좋다고 떨어져서 살기 싫다고 그래. 너희 딸은 요즘 어떻게 지내?"

엄마의 과장 섞인 말이 먼발치에서 물건을 고르던 이랑에게 뚜렷하게 들려왔다. 요즘 딸에 대한 엄마의 부연 설명이 부쩍 길어졌음을 눈치챈 이랑은 왠지 모르게 신세가 처량했다. 그래서인지 그녀는 용두암에서 만난 아주머니에게 자신을 숨기고 싶지 않았다.

"잠시 쉬고 있어요."

"너무 좋다. 쉴 때 이렇게 여행도 오고 얼마나 좋아."

아주머니는 인자한 표정으로 말했다. 그럼에도 이랑은 여전히 마트에서와 같은 껄끄러운 기분에 휩싸여 있었다.

용두암에서 이어진 파란 선은 이랑을 제주 해안가로 인도했다. 해조류와 고운 모랫바닥이 훤히 들여다보이는 바다 풍경에 그녀는 비로소 숨통이 좀 트였다. 똥물이라고 불리는 탁한 서해에서 나고 자란 그녀에게 흔히 볼 수 없는 광경이었다. 그녀는 가다 서기를 반복하며 틈만 나면 삼각대를 세워 놓고 제주 자연에 파묻힌 자기 모습을 담았다. 이윽고 평범한 동네로 접어드니 선 색은 중간중간 흐려져 있거나 끊겨 있었다. 이 때문에 골목을 잘 못 들어 핸들을 꺾어야 하는 순간들도 몇번 있었으나, 그녀는 어느새 여행의 기쁨으로 충만해져 있었다.

이랑은 골목을 벗어나 큰 도롯가를 달렸다. 그녀는 휴대폰에 틀어놓은 팝송을 가사도 모른 채 흥얼거렸다. 그때 갑자기 소리도 없이 따라붙은 자전거 한 대가 그녀 바로 뒤에서 신경질적으로 벨을 울려댔다. 이에 당황한 이랑은 까치발로 자전거를 비켜 세워 뒤돌았다.

"한쪽으로 좀 다닙시다."

검은 헬멧에 날렵한 자전거를 탄 남자는 비켜줘서 고맙다는 인사 대신 퉁명스러운 한마디를 내뱉고 지나쳤다. 이랑은 얼굴이 화끈거렸다. 드럼을 마구 두드리는 음악이 화물차 지나가는 소리와 섞여 심란하게 들렸다. 그녀는 음악을 끄고 다시 출발했다. 이후에도 로드용 자전거 몇 대가 그녀를 말없이 추월했고 그럴 때마다 알게 모르게 어깨가 움츠러들었다.

"이랑 씨, 6시에 회의하죠."

느지막이 출장에서 돌아온 서 팀장이 업무를 마무리하던 이랑에게 말했다. 전날 회사 홍보페이지 제작에 매달리느라 야근을 했던 이랑은 오늘만큼은 정시 퇴근을 해보자는 생각이었다. 그녀는 일일 업무를

다 하면 제시간에 퇴근해도 좋다고 회식 자리에서 자신 있게 떠들어대던 팀장의 말을 처음으로 이룬 직원이 되어보나 했다. 이랑은 입술을 한번 잘근 깨물고 현실을 받아들였다. 그렇지만 보고서 출력을 누르는 손가락엔 자꾸만 힘이 들어갔다. 그녀는 뒤를 돌아 열 평 남짓한 사무실을 한 번 살폈다. 계약상 5시 퇴근인 동료 직원 다연도 아직 맞은편 책상에서 서류 정리 중이었다.

"대표님 그런 말이 아니잖아요."

얼마 후 회사로 걸려 온 전화를 받은 다연의 목소리가 점점 떨려왔다. 어린 사람들로 이루어진 스타트업이라서 그랬을까. 나이가 지긋한 협력업체 김 대표는 장사가 조금 손해 보는 듯한 낌새라도 들면 곧바로 회사에 전화해 어김없이 폭언을 퍼부었다. 다연의 눈시울이 붉어졌고 이내 그녀의 서류가 군데군데 쭈그러들었다. 사무실에 있던 최 대표와 서 팀장은 소리 없이 흐느끼고 있는 그녀의 뒷모습을 멀찌감치서 지켜보고만 있을 뿐이었다. 다연은 방패처럼 그들의 맨 앞에서 모진 소리를 받아내고 있었다. 사용 기간이 한 달 정도 남은 방패. 그 순간, 이랑은 다연의 볼을 타고 쉼 없이 흐르는 저 뜨거운 눈물이 곧 자신의 것이 되리란 걸 직감했다.

이랑이 협재해변 근처에서 하룻밤 묵고 다시 출발한 이튿날도 늦봄의 화창한 날씨가 이어졌다. 해거름 마을 공원까지 내리막길이 계속되었고 바다 수평선 부근에는 풍차 여러 대가 일렬로 늘어서 돌아가는 모습이 한가로웠다. 그녀는 그러한 평탄한 길을 점심 먹은 후에도 한 시간가량 더 달렸다. 어느 순간부터 지루함이 찾아온 그녀는 페달을 기계처럼 밟고 있었다. 푸른색으로 연결된 하늘과 바다 풍경은 더 이상 그녀에게 감흥을 불러일으키지 못했고 황량한 사막을 지나는 일처럼 여겨졌다. 그녀는 아직 반도 오지 못한 시점에서 완주를 기대했다. 그리고 파란 선 끝에 다다른 자신을 상상했다. 하지만 무얼 기대 한 걸까. 그녀는 이 길이 끝나도 달라지는 것은 없다는 사실을 곧 자각했다. 잠깐의 성취감과 만족감에 젖어 있을 수는 있으나, 그런다고 취직이 되거나 돈이 나오는 일도 아니었다. 갑자기 이 모든 게 시간 낭비라는 생각이 든 그녀에게 불안감이 엄습했다. 그녀는 육지로 한시라도 빨리 돌아가 일자리를 알아봐야 하는 것은 아닐까 고민했다. 때마침 가파른 언덕길이 시작되었다.

순탄한 길에서 나태해진 이랑을 책망이라도 하듯 경사는 끝없이 높아졌다. 그녀는 기어를 느슨하게 풀었지만, 허벅지와 엉덩이에 힘을 잔뜩 주지 않으면 바퀴는 꼼짝도 하지 않았다. 마침내 평평한 땅에 이르렀을 때 이랑은 숨을 거칠게 몰아쉬었다. 그녀는 다리가 후들거렸고 땀이 비 오듯 흘렀으나 앞으로 나아가려면 여전히 페달을 밟아야 했다. 그러자 기어가 어긋났는지 체인에서 삐거덕 소리가 들려왔다. 저 만치 그늘 가에는 자전거와 같이 쉬고 있는 사람이 어렴풋이 보였고, 이랑은 고개를 푹 숙인 채 그 사람에게 자전거의 괴상한 소리가 들리지 않기를 바랐다.

"저기요."

자신을 부른 듯한 낌새에 이랑은 삐거덕 소리를 멈추고 고개를 돌렸다. 키 큰 사내가 그늘에서 나와 모습을 드러냈다. 그는 헬멧을 벗고 땀에 젖은 머리를 털었다.

"펑크 패치 있으세요?"

이랑에게 묻는 남자 뒤로 앞바퀴가 주저앉은 자전거가 보였다. 그런데도 여전히 날렵한 몸채. 검은 헬멧. 이제 보니 어제 그녀에게 찬물을 끼얹고 간 남자였다. 그를 알아본 이랑은 잠시 괘씸한 마음이 들어 없다고 대답할 생각도 했으나, 몸은 이미 짐받이에서 가방을 풀어 물건을 뒤적거리는 중이었다. 반면 남자는 어제의 이랑을 알아보지 못하는 듯 보였다. 그는 이랑이 빌려준 수리 도구로 능숙하게 타이어를 해체하기 시작했다. 그 모습을 뒤에서 멀뚱히 지켜보던 이랑은 어색함에 이런저런 말을 건넸다. 남자는 평소에도 취미로 자전거를 자주 타는데, 이번엔 회사 연가까지 쓰고 제주도 종주를 하러 왔다고 했다. 자전거는 어디서 실 못이 박혔는지 가던 도중 바람이 빠졌고, 챙겨 온 줄만 알았던 펑크 패치가 없어 발이 묶였다고 했다. 실제 이랑이 지도에서 근처 수리점을 검색해 보니 자전거로도 족히 삼십여 분은 더 가야 했다. 그녀가 남자의 이름이 승찬이라는 사실을 알았을 즈음, 어느새 바퀴는 탄력을 되찾은 모습이었다.

"덕분에 땡볕에 걸어갈 일은 면했습니다."

승찬은 고맙다는 말을 남기고 아지랑이 속으로 사라졌다. 이랑은 그의 옅은 미소를 떠올렸다. 말투는 투박했으나 어딘가 순수함이 묻어나는 사람이었다.

그들이 다시 만난 것은 그날 저녁, 게스트하우스 모닥불 파티에서였다. 송악산 인증센터에서 난생처음으로 돌고래를 본 이랑은 신기함에 한참 시간을 끌었고, 결국 날이 저물어 급하게 숙소를 잡아야 했다.

"이랑! 너도 나와."

같은 방을 쓰는 수민이 밖에서 불쑥 문을 열고 이제 막 씻고 나온 이랑을 불러냈다. 대학원에 다닌다는 수민은 이랑 보다 두 살이 많았고 붙임성이 좋아 쉽게 말을 텄다. 이랑은 피곤했지만, 혼자 여행을 와서인지 사람이 그리워 선뜻 따라나섰다. 숙소 뒤뜰은 여러 소품으로 꾸며져 나름의 캠핑 분위기를 냈다. 그곳에는 이미 여러 게스트가 모닥불 주변에 둘러앉아 이야기를 나누고 있었고, 이랑이 다가가 데면데면하게 인사를 하던 참이었다. 익숙한 얼굴이 그녀의 눈에 들어왔다. 승찬도 그녀를 알아보고 다소 커진 눈으로 고개를 꾸뻑했다. 나중에 안 사실이지만, 승찬의 자전거는 그녀와 헤어지고 얼마 가지 않아 다시 바람이 빠져 결국 수리를 맡겼다고 했다.

"자, 식상하지만 우리 자기소개 한 번씩 할까요?"

먼저 자신을 제주 떠돌이 가수라고 소개하는 연욱이 맥주캔을 들고 분위기를 띄웠다. 장발에 큰 덩치를 가진 그는 몇 달 전부터 제주 곳곳을 돌아다니며 버스킹을 하고 있다고 했다. 그렇게 시작한 자기소개는 어느샌가 하는 일에 초점이 맞춰져 돌아갔다. 치위생사, 명품 매장 직원, 전기기사, 학원 강사……대부분 각자의 분야에 충실한 사람들이었고, 간혹 수민처럼 학생도 있었으나 그들은 미래에 대한 기대와 확신으로 가득 차 보였다.

"동네 보건소에서 공무원으로 일하고 있습니다."

승찬이 자기소개를 마치고 자리에 앉자, 자연스레 옆에 있던 이랑에게 사람들의 시선이 쏠렸다. 그녀는 쭈뼛쭈뼛 일어나 한동안 아무 말도 하지 못하고 손만 만지작거렸다. 간신히 이름 세 글자를 밝힌 그녀는 백수인 자신을 분위기상 어떻게 소개해야 할지 몰라 망설였다.

"사은품으로 받은 자전거로 제주도 일주 중이에요."

이랑은 직업에 관한 이야기는 쏙 빼놓은 채 지금의 상황으로 말을 얼버무렸다. 하지만 다행히 사람들은 그녀의 여행이 특이하다고 생각했는지 여러 질문을 쏟아 냈다. 어느새 대화 주제는 그녀로 인해 다른 곳으로 흘러갔다.

밤이 깊어져 다음날 빡빡한 일정을 소화해야 하는 사람들이 하나둘 방으로 들어갔다. 자리에는 이랑, 수민, 승찬, 연욱, 네 사람만이 남아 말없이 불을 응시하고 있었다. 장작의 타닥거리는 소리가 밤공기만큼이나 분위기를 차분히 가라앉혀 주었다. 그렇게 각자 자신만의 생각에 잠겨갈 때쯤, 아까부터 맥주를 홀짝이던 연욱이 취기가 제대로 올라 혼잣말을 중얼거리기 시작했다.

"세상은 내가 꿈을 꾸도록 내버려 두질 않아……조금이라도 정해진 기준에서 벗어나면 별종 취급하고 무시하지……왜! 맨날 같은 길만 가라는 건데! 내 음악이 어때서!"

얼굴이 벌겋게 달아올라 언성을 높이는 연욱을 수민이 나서서 달랬다. 방에 가서 자라는 재촉에 연욱이 몸을 간신히 일으켜 비틀거리는데 옆에 앉아 있던 승찬이 나무토막 하나를 불길에 던지며 말했다.

"남들이 하라는 일에는 그만한 이유가 있습니다."

"뭐? 이 자식이. 어디서 잘난 척이야."

바람이 불어서인지 불길이 마구 흔들리기 시작했다. 연욱은 순식간에 두꺼운 손으로 승찬의 멱살을 움켜쥐었다. 그리고 반대쪽 주먹을 높이 치켜들었다. 승찬이 놓은 마른 나무는 한순간 불에 의해 삼켜졌다. 이랑의 눈동자에 그들의 모습이 불길과 함께 출렁였다.

그날도 김 대표가 회사와의 약속을 어긴 탓에 서 팀장은 이랑을 그의 사무실로 보냈다. 김 대표는 다연이 그만뒀다는 소식에 그 회사는 직원들이 왜 이리 끈기가 없냐며 혀를 찼다. 그러고는 한층 누그러진 말투로 이랑에게 잘 지내보자고 했지만, 그녀는 여전히 얼어붙어 있었다. 이랑은 해가 질 무렵까지 김 대표와 결론 없는 실랑이를 벌이다 사무실을 나왔다. 그때 김 대표가 그녀를 뒤따라 나와 집에 태워다 주겠다고 고집을 부렸다.

"빨리 타. 내가 집까지 데려다준다니까?"

"아니에요. 근처 정류장에서 버스 타고 가면 됩니다."

평소 같지 않은 김 대표의 호의에 이랑은 이상한 기분이 들었다. 계속되는 거절에도 김 대표는 끈질기게 그녀를 설득했다. 이에 그녀는 잠시 차에 탈까 망설였다. 그때 마침 자재 가게 강 사장이 근처 가게에서 나와 김 대표를 막아섰다. 강 사장은 이랑과 회사 일로 자주 보던 사이였고 그간 거래처 김 대표의 만행들에 날을 벼르던 참이었다.

"아줌마가 뭔데 끼어들어. 얘가 네 딸이야?"

"그래 내 딸이다! 어디서 아줌마래!"

　김 대표가 분을 못 이겨 강 사장의 옷깃을 잡으려 하자, 강 사장은 김 대표의 손을 재빠르게 쳐냈다.

　"어딜 손을 대!"

　강 사장 말에 김 대표는 코뿔소처럼 씩씩거리며 다시 돌진하려 들었다. 혼자서 싸움 말리기에 실패한 이랑은 그들 사이에서 방향을 잃고 표류했다. 고성이 오가는 소리에 행인들이 몰려들었고, 아저씨 두 명이 끼어들어서야 겨우 비로소 상황은 정리되었다. 이랑은 뜻밖에 벌어진 일에 심장이 두근거렸고 다리는 금방 맥이 풀려 주저앉을 것만 같았다. 강 사장은 얼굴이 새파랗게 질려 버린 이랑을 고깃집으로 데려가 밥을 사주며 말했다.

　"그놈이 어떤 놈인 줄 알고 차를 타. 무슨 짓을 할지 알고. 가자는 데로 하자는 데로 따라가다가는 큰일 나."

　강 사장의 말이 이랑의 귀에 메아리치다 점차 아득히 사라졌다. 그 사이 연욱과 승찬은 바닥에 뒤엉켜 나뒹굴고 있었다. 수민은 싸움을 말려줄 사람을 찾아 남자 방으로 달려갔고, 이랑은 그 자리에서 발만 동동 굴렀다. 연욱이 상체를 일으켜 승찬에게 일방적으로 주먹을 휘둘렀다. 승찬의 얼굴에는 곧 붉은 피가 번져 불빛에 아른거렸다. 그때 갑자기 정체 모를 흰색 가루가 이성을 잃은 연욱을 뒤덮었다.

　"어떤 새끼야!"

　시야가 흐릿해진 연욱은 허우적거렸고 욕을 난발하며 승찬에게서 떨어졌다. 때마침 수민과 잠이 덜 깨 보이는 서너 명이 뒤뜰로 나왔다. 그들 앞에는 눈사람이 되어버린 두 남자와 빨간 소화기를 손에 들고 벙벙한 표정으로 서 있는 이랑이 있었다. 매섭게 타오르던 불씨는 자취를 감춘 채 연기만 가늘게 피어올랐다. 순간 정적이 흘렀고, 풀벌레우는 소리만이 꼬리를 물었다.

아침 일찍 숙소를 도망치듯 나온 이랑은 점심때가 다 되어 성산일출봉에 이르렀고 김녕해수욕장으로 향하던 중이었다. 그녀 앞에 거센 바람이 갑자기 불어닥쳤다. 제주의 바람이 어찌나 매서운지 내리막길에서조차 페달을 밟지 않으면 그대로 멈춰 설 정도였다. 금방 잠잠해질 줄 알았던 바람은 갈수록 강해졌다. 그녀는 입이 바짝 말라 갈증이 났고 선글라스 사이로 들어온 모래가 눈으로 들어가 눈물이 찔끔찔끔 났다. 그때 요란한 바람 소리 사이로 익숙한 벨 소리가 들려왔다. 승찬은 이랑을 앞질러 뒤를 한번 돌아보더니 자신을 따라오라는 듯 손짓을 했다. 두 자전거는 이름 모를 해변 앞 편의점에 세워졌다.

"보답도 제대로 못 한 것 같아서요."

승찬은 편의점에서 물과 아이스크림, 과자 같은 걸 사서 나와 이랑에게 내밀었다. 그들은 가게 앞 벤치에 앉아 나란히 헬멧을 벗어 놓고 아이스크림을 입에 넣었다. 이랑은 승찬의 입가에 앉은 피딱지를 보자 어제 일이 떠올라 조심스럽게 괜찮냐고 물었다. 이에 승찬은 희미하게 미소를 지어 보였다. 그들은 점차 어색함을 허물었다. 승찬은 연욱과 원만히 화해한 이야기와 자전거 수리점에서 바가지를 쓴 이야기를 이랑에게 해주었다. 이 과정에서 이랑은 승찬이 생각보다 다채로운 표정과 말재주를 가지고 있다는 사실을 깨달았다. 그들은 의외로 비슷한

구석이 많아 대화가 잘 통했고 나이가 같다는 말에 친구가 되었다.

"바닷가 내려가 볼래?"

승찬의 갑작스러운 제안에 이랑은 손목을 들어 시간을 확인했다.

"지금 출발하지 않으면 다음 인증센터까지 늦어질 텐데⋯⋯."

잠시 망설이던 이랑은 승찬을 따라 바닷가 쪽으로 내려갔다. 파도를 거슬러 가는 서퍼들, 웨딩사진을 찍는 신혼부부, 파라솔 밑에서 여유롭게 낮잠을 즐기는 이들의 모습이 이랑의 눈에 들어왔다. 그녀를 막아서던 바람은 어느새 가라앉아 선선히 불어왔다. 그들은 잠시 해변을 거닐었다. 자전거 위에서 파란 선만 바삐 쫓아온 이랑은 그제야 느긋한 기분을 누렸다. 그녀는 도중에 걸음을 멈추고 신발을 벗었다. 그리고 바닷물 쪽으로 성큼성큼 다가가 발을 담갔다. 햇빛에 반짝이는 투명한 바닷물은 그녀의 암울한 것들을 가지고 뒤로 물러났다.

"이건 어제 복수다!"

승찬이 천진난만한 표정으로 이랑에게 물을 뿌리며 장난을 걸었다. 이에 그녀도 맞서 열심히 물장구를 치기 시작했다. 어느새 흠뻑 젖어 버린 그들의 얼굴에는 생기가 가득했다.

저녁때가 다 되어서 해는 하늘을 붉게 물들이고 있었다. 이랑과 승찬은 모래 위에 앉아 그 모습을 말없이 지켜보고 있었다. 그러다 이랑이 공허한 눈으로 입을 열었다.

"글을 쓰고 싶었어."

이랑은 그간 누구에게도 내비치지 않았던 속마음을 꺼내 보였다.

그녀는 고시원에 살면서 회사에 다녔던 시절을 회상했다. 빼곡히 적힌 업무들을 하나씩 지워나갈수록 허무해져만 가던 마음과, 각진 모양을 동그란 원 안에 억지로 꿰맞추듯 하던 시간을, 그녀는 좁은 방에서 밤마다 글로 채워나갔다. 그 속에서 이랑은 온전한 모습을 되찾았고 자유를 느꼈다. 그녀는 결국 작가라는 꿈을 마주했다. 하지만 그녀는 이미 멀리 와버린 삶의 방향을 돌이킬 용기가 없었다.

그렇게 이랑은 낚싯줄에 딸려오는 고기처럼 속절없이 안에 있는 것을 끄집어내 놓곤 곧장 후회했다. 어제 연욱의 한탄에 다소 냉정하게 반응한 승찬의 모습이 생각나서였다. 이랑은 그의 눈치를 살폈다. 하지만 승찬은 뜻밖의 말을 꺼냈다.

"나도 공무원이 꿈은 아니었어."

승찬은 그림 그리는 걸 좋아하던 자신이 어떻게 공무원이 되었는지 말해주었다. 가난한 형편, 아들이 좀 더 안정적인 삶을 누리길 바라는 부모님의 소망, 그리고 세상과의 타협 속에서 비롯된 일이었다. 그는 표정이 잠시 씁쓸해지는가 싶더니 이랑과 눈이 마주치자 씽긋 웃었다. 남들이 하라는 일에는 이유가 있다던 어제 승찬의 말은, 어쩌면 너무 멀리 떠밀려온 그 자신에 대한 항변이었을지도 모르는 일이었다.

제주에서의 마지막 날, 이랑은 새벽부터 부지런히 달려 용두암으로 다시 돌아왔고 근처 관광안내센터로 들어갔다. 직원은 이랑의 수첩에 완주 스티커를 붙여주었다.

"고생하셨습니다."

직원이 수첩을 받고 돌아서는 이랑에게 말했다. 이랑은 기분이 이상했다. 그녀는 겉으로 아무런 이익도 없어 보이는 일에 고생이라는 단어가 왠지 어색하게 들리면서도 마음 한구석이 뭉클해지는 건 어쩔수 없었다. 그녀가 건물 밖으로 나왔을 때, 마침 어제 헤어졌던 승찬이 문자를 보내왔다. 그는 공항에 왔다며 조만간 만나자고 했다. 이랑은 답장을 남기고 배를 타기 위해 항구로 자전거를 돌렸다. 그녀가 항구 근처에 다다르자, 거짓말 같게도 자전거 이곳저곳이 고장이 났다. 마치 자정이 되어 신데렐라의 마법이 풀리듯 안장과 짐받이가 주저앉았고 가방을 고정하던 끈마저 터져 너덜거렸다. 이랑이 자전거를 배에 실으러 갔을 때 안내 직원이 보고 놀라 물었다.

"지금 혼자서 이걸 끌고 제주도에 왔던 거예요?"

이랑은 직원에게 대수롭지 않은 듯 그렇다 대답하고 객실로 올라갔다. 그리고 곧 출항한다는 안내방송에 그녀는 갑판으로 나와 전과 같이 펜스에 몸을 기댔다. 그때 또다시 문자음이 울렸다. 이번엔 제주도에 오기 전 면접을 봤던 회사에서 탈락했다는 내용이었다. 그녀는 탈락이라는 두 글자에 잠시 쓴맛을 느꼈으나 이내 환하게 웃었다. 그녀는 분명 어딘가 달라져 있었다. 배가 뱃고동 소리와 함께 항구에서 멀어지기 시작했다. 사람들은 그 모습을 지켜보며 각자의 제주도 여행을 추억했다. 이랑은 그들 중 가장 오랫동안 그곳에 서서 섬이 수평선 너머로 사라지는 모습을 바라봤다. 배는 푸른 바다를 거슬러 육지로 나아갔다.

그녀의 클레멘타인

강하이

강하이　학창 시절 내내 장래희망 란에 '작가'를 적어 냈지만 한동안 글을 쓰지 않다가 최근 다시 시작했다. 글 ego의 도움을 받아 처음으로 출판에 성공하였고 앞으로도 계속 글을 쓸 예정. 장애를 가진 학생 및 성인들을 가르치는 일을 공부하면서 여러 사람들을 만났다. 발달 장애를 가진 여성이 나오는 다큐멘터리를 보다가 조연 인물과의 관계성이 궁금해져 상상의 나래를 펼치다가 '그녀의 클레멘타인'을 썼다. 자기와 타인, 세상을 이해하기 위해 글을 쓴다.

instagram: @reanwrit00

　내가 그녀를 처음 만난 건 한 도시의 광장에서였다. 나는 이 도시 저 도시를 유랑하는 떠돌이 연주자였고 여느 실패한 음악가들처럼 불안과 죄책감으로 방황하고 있었다. 그날도 늘 그랬듯 발길이 닿은 P시의 광장에서 관중들이 던져주는 동전으로 끼니나 때우려고 했는데, 갑자기 그녀가 난데없이 끼어들어 춤을 추기 시작했다. 그건 규칙도 절도도 없는 움직임이었다. 막춤, 우리나라로 치면 뽕짝에 가까웠는데 이상하게 클래식에도 잘 어울렸다.

　그녀의 움직임에는 놀라운 데가 있었다. 그 불규칙적인 흔들림을 보고 있으면 어느새 그것만이 내 시야를 가득 메웠다. 지금껏 그 누구도 나의 연주를 저렇게 온몸으로 즐겨준 일이 없었던 것이다. 그녀는 내가 연주하는 클래식 음악에 맞추어 전신을 흔들어 재꼈다. 나는 당황스러웠지만 이내 끝까지 연주를 마쳤고 그렇게 난데없는 조화가 이루어졌다. 나는 그 기분을 한 번 더 느끼고 싶었다. 내일도 광장에 나가면 그녀가 있을까. 어떤 음악을 연주해야 그녀가 가장 신나게 춤을 출까를 고민하다가 나는 그날 밤 잠을 설치고 말았다.

다음 날에도 그녀는 있었다. 자세히 보니 다른 여자와 함께였다. 나는 내가 아는 가장 신나는 곡을 연주했고 그녀는 역시 뛰어나오려고 했다.

"안 돼, 릴." 함께 온 여자가 그녀의 팔목을 붙들었다. 나는 괜찮다는 눈빛을 보내며 그녀에게 손짓했고, 그녀는 함께 있던 여자의 손을 뿌리치고 달려 나왔다. 내가 웃으며 부르는 것을 보고 여자가 그녀의 손을 놓아준 것 같기도 했다. 그녀는 역시 신나게 춤을 추었고 나의 연주도 점점 빨라졌다.

그녀의 이름은 '리엘라'라고 했다. 연주가 끝나고 내가 그녀에게 인사를 하고 이름을 묻자 그녀는 대뜸 "늙은 아비 불러줘."라고 말했다.

"네?"

"늙은 아비. 몰라? 늙은 아비 혼자 두고 영영 어디 가느냐. 불러줘."

민요 클레멘타인을 말하는 것 같았다.

"불러줘. 빨리."

내가 단번에 알아듣지 못하자 그녀는 조금 짜증을 냈다.

"클레멘타인을 말하시는 거라면 노래는 잘 못하고 연주를 해드릴까요?"

"응. 불러줘."

나는 클레멘타인을 연주했고, 그녀는 이번에도 춤을 추었다. 그러면서 가사를 넣어 따라 불렀는데, 그 슬프고 처연한 노래가 이번에도 그녀의 입에서는 뽕짝 풍으로 흘러나왔다. 이 도시에도 이런 리듬이 있었던가 싶었다.

함께 온 여자는 리엘라의 언니였다. 그녀는 또다시 대뜸 언니에게 "수요일 3시, 월마트." 하고 말했다. 언니는 아무렇지 않게 "그래 수요일 3시에는 월마트에 가지. 오늘은 화요일. 내일은 수요일이니까 월마트에 가야지." 하고 대답했다. 떠오르는 것을 대뜸 말하는 것이 리엘라의 말하기 방식인 모양이었다. 내가 그녀에게 "내일도 여기 오실 건가요?" 하고 묻자 그녀의 언니가 대신 대답했는데 자신들이 내게 폐를 끼치고 있다고 여기는 것 같았다.

"네, 매일 이 길을 지나가긴 하는데. 자꾸 실례를 해서 어쩌죠. 내일부터는 다른 길로 돌아갈게요."

그렇지만 전혀 실례이지 않았다. 나는 내일도 그녀의 춤이 보고 싶었다.

"아닙니다. 전혀 실례이지 않아요. 리엘라, 내일도 와 줄 건가요?"

"5시에는 집에 갑니다. 우리 집은 바론 아니고 버론 스트리트 3번지. 6번지 아니고 3번지."

조금 뜬금없는 내용이었지만 이번에는 리엘라가 직접 대답했다.

그때부터 나와 그녀는 매일같이 광장에서 만나, 나는 연주하고 그녀는 춤을 추었다. 이렇게 오래 한 도시에서 머무른 것은 오랜만이었다. 그녀는 늘 마지막에는 '늙은 아비'를 불러 달라고 했고, 그때마다 클레멘타인은 세상에서 가장 신나는 노래가 되었다. 나중에는 그녀의 언니가 나에게 그녀를 부탁한다며 몇 시간 동안 우리 둘만 남겨놓고 자리를 비우기도 했다. 그럴 때면 우리는 내가 이 도시에서 가장 좋아하는 카페에 가서 밀크티를 마셨다. 밀크티는 우리 모두가 좋아하는 음료였고, 카페는 그녀의 집이라는 버몬 스트리트 3번지와도 가까웠다.

"밀크티 맛있어?"

그녀는 뭔가를 먹을 때마다 이렇게 묻곤 했다. 이건 질문이 아니라 그녀에게 밀크티가 맛있다는 뜻임을 며칠이 지나자 알 수 있었다. 내가 "그러게, 맛있네." 하니 그녀도 "그러게, 맛있네." 했다.

"나 사진 찍어줘."

그녀가 대뜸 말했고, 나는 가지고 있던 폴라로이드 사진기를 꺼내 그녀를 찍어 주었다. 그녀는 입가에 음료를 다 묻히고 있었지만 웃고 있었다. 너무 크게 웃다 못해 눈을 꼭 감아버린 채였다. 나는 인화한 사진을 꺼내어 그녀에게 주었다. 그녀는 컵에 붙어있던 상표 스티커를 떼어 폴라로이드 사진의 뒷면에 붙였다. 그리고 그것이 소중한 물건이라도 되는 양 냅킨에 곱게 싸서 주머니에 넣었다. 그녀는 내게 자신에게도 사진기를 달라고 했고, 내 사진을 찍어 주었다. 초점이 하나도 맞지 않는 그 사진을 나 역시 냅킨에 싸서 주머니에 넣었다.

"지호. 지호 바다 좋아해?"

그녀가 물었다.

"응. 바다 좋아하지."

"나 바다에 간다. 하얀 모래사장하고 파란 물이 있어."

그녀가 언니와 여행을 가게 된 모양이었다.

"하얀 모래사장하고 파란 물, 예쁘겠네요."

"응. 예뻐."

우리는 밀크티를 다 마시고도 한참을 앉아 이런저런 얘기를 나눴고 그러고 있으면, 그녀의 언니가 리엘라를 데리러 왔다.

어느 날인가부터 리엘라가 오지 않았다. 세상에서 가장 슬픈 노래도 가장 신나는 노래로 만들었던 그녀 없이는, 세상에서 가장 신나는 노래도 슬픈 노래가 되었다. 적어도 내게는 그렇게 느껴졌다. 다음 날도, 그다음 날도 그녀는 오지 않았다. 나는 고민 끝에 그녀의 집을 찾아가 보기로 했다. 어디인지는 기억하고 있었지만 찾아가 보는 것은 처음이었다.

그녀의 집은 하얀 담장에 초록 펜스가 있는 작은 주택이었다. 집 안에는 아무도 없는 것 같았다. 내가 집 앞을 한참 서성이자 옆집에서 정원의 잔디를 깎던 아주머니가 나왔다.

"거기 살던 사람들 이사 갔잖아."

아주머니의 말에 따르면 리엘라의 언니는 결혼을 했고 그래서 더이상 리엘라와 함께 살 수는 없게 되었다고 했다. 그래서 언니는 남편과 함께 신혼집으로, 리엘라는 시설로 가 살게 되었다고. 바닷가에 경치 좋게 지어진 시설이니 그래도 다행이라고 아주머니는 말했다. 그녀가 간다고 했던 바다는 여행지가 아니라, 더는 여행 같은 건 갈 수 없게 된 그녀를 묶어 놓을 종착지 같은 데였다. 모자란 동생을 떠안고 시집갈 수는 없었을 거라고 아주머니는 혀를 찼다. 모자란…. 리엘라를 지칭하는 그 말에 나는 잠시 동안 멍해졌다. 내가 아는 그녀는 확실히 다른 사람과는 달랐고 또 많이 독특했지만… 그런 걸 다른 사람들은 모자란다고 말했었다. 나는 그녀의 집 담벼락 밑에서 지나가던 사람들에게 짓밟혀 더러워진 종이를 한 장 발견했다. 그건 내가 찍어준 사진이었다. 소중하게 간직했지만 결국 흘려버린 과거의 추억 같은 것이었을까.

그녀가 떠난 뒤에도 나는 종종 광장에 나가 악기를 들었지만 허전함을 지울 수가 없었다. 어쩌면 늘 느껴왔던 감정이었을 테지만 그것이 잠시 사라졌다가 돌아왔을 때의 존재감은 전보다 더 커져 있었다. 나는 그녀의 옆집에 살던 아주머니를 다시 찾아갔다. 그녀가 어디로 갔는지 묻고 싶었다.

"저어 C시였나 N시였나 동쪽이라고 들었던 것 같아." 하고 아주머니는 말했다. 연락처를 교환할 걸 그랬나, 하는 뒤늦은 생각이 들었지만 리엘라에게 휴대 전화 같은 게 있을까 싶었다. 그날로 나는 다음 목적지를 C시로 정했다. 두 도시 중 하나라면 N시에는 바다가 없으니 리엘라가 있는 곳은 C시일 것이라는 막연한 생각으로 비행기표를 샀다.

*

한 번은 리엘라가 내게 집이 어디냐고 물었다. 나는 머무르고 있던 P시를 집이라고 칭해도 될까 망설이다가 결국 떠나오기 전에 살고 있던 도시의 이름을 대답했다.

"서울. 한국에 있어요."

"그건 어디?"

"저 멀리."

"근데 왜 여깄어요?"

그녀가 다시 물었고, 글쎄 왜일까 하고 나는 생각했다.

살던 도시를 떠나온 데 거창한 이유는 없었다. 대학의 마지막 학기를 보내던 때, 나는 학업 스트레스에 시달렸고 동생이 아팠으며 애인과 헤어졌고 음반 작업을 중단했다. 그러나 그것들이 떠나온 이유가 될 수는 없었다. 학업 스트레스는 누구에게나 있는 것이었고, 동생도 그다지 크게 아팠던 것은 아니었으며, 애인과도 아주 오래 사귀진 않았다. 중단한 음악 작업도 실은 언제든 다시 시작할 수 있는 것이었다. 분명 그랬는데. 그런데도 왜 그렇게 했던 것일까.

창 밖으로 C시의 언저리가 보이기 시작했다. 연한 푸른색의 바다와 숲의 일부가 햇빛을 받아 반짝였다. 그러고 보니 C시는 나의 애인이었던 그 애와 함께 오기로 했던 도시였다. 우리는 연애 기간의 절반을 멀리 떨어져 지냈고, 그 때문인지 자주 싸웠다. 나는 우리가 다시 만난 것을 기념하며 C시를 여행하자고 애인을 설득했다. 한국에 있을 때 자주 갔던 바다를 다른 도시에서 같이 마주한다면 의미 있는 재회가 될 거라고 믿었다. 결국 다시 만나지도, C시에 가지도 못하고 헤어져버렸지만. 헤어질 때 그 애는 "계속 그렇게 도망치다가는 소중한 건 다 놓치게 될 거야."라고 말했다. 헤어지고 나서 한동안 나는 일찍 자고 일찍 일어났으며 운동을 시작했고 매 끼니 건강식을 챙겨 먹었다. 사귈 적 그 애가 내게 그렇게나 바라왔던 건강한 생활 습관을 헤어지고 나서야 실천하고 있는 것이 조금 우습게 느껴졌다. 그렇게 몇 달을 보내다가 진행 중이던 음반 작업을 중단하고 무작정 서울을 떠나왔다. 아직 해야 할 작업이 남아있다는 이유로 애인이 머물던 도시로 가는 것을 계속 미뤄왔으면서 헤어지고 난 지금에서야 작업을 중단했다는 것도 우스웠다. 애인이 곁에 있을 땐 애인을 실망시키는 것이 두려웠고, 그 애가 떠난 후엔 그럼에도 불구하고 음반 작업을 성공시키지 못하게 되는 것이 두려웠다. 동생은 다 나았고 학기는 끝마쳤다. 그런데도 일상은 여전히 남아있었다. 나는 이제 그것이 두려웠다. 그렇게 도망치다가는 소중한 건 다 놓치게 될 거라는 헤어진 애인의 말이 자꾸만 머릿속에 맴돌았다. 나 스스로도 나를 이해하기 어려웠다. 그 소중한 것이란 게 당최 무엇인지, 내가 무엇으로부터 도망치고 있는 건지, 무엇을 위해 움직이거나 그렇지 않고 있는 건지. 모든 것이 다 너무 복잡하게 느껴졌다. 나 자신이 조금 한심하게 느껴졌지만 그런 마음은 그냥 외면해버리고 싶었다.

나는 이런 이야기들을 리엘라에게 두서없이 털어놓았고, 그녀는 중간중간 "응, 응, 그렇구나"하고만 말하며 고개를 끄덕였다. 그녀가 내 말을 완전히 이해하고 있는 것 같지는 않았다. 하지만 아무래도 괜찮았다.

"사람이 말할 때는 그렇구나, 말하면서 고개를 끄덕이는 거야."

리엘라는 종종 자신이 들었던 문장을 되풀이해 말하면서 자신의 행동을 서술하곤 했다.

"그런 건 어디서 배웠어요?"

"그건, 그건. 선생님이."

그렇게 말하는 그녀는 나를 힐긋 보는 듯하더니 이내 시선을 돌려버렸다.

리엘라는 대체로 웃는 얼굴이었지만, 나는 그녀가 크게 화내는 것을 한 번 보았다. 평소처럼 거리의 연주를 마치고 자주 가던 카페에서 밀크티를 마시고 있을 때였다.

"에이씨."

한 남자가 그녀의 컵을 엎지르고도 아무런 사과 없이 지나갔고, 리엘라는 그를 향해 소리를 지르기 시작했다.

"야! 잘못, 했으면, 사과를, 해야지!"

그러나 종업원들은 그녀를 말리며 안 된다는 말만을 반복했고 리엘라는 끝내 사과를 받아낼 수 없었다. 그녀는 씩씩거리며 "이해할 수 없어요. 이해할 수 없어." 하고 연거푸 중얼거렸다.

"저도 자주 그래요. 세상에는 이해할 수 없는 일이 너무 많아."

이해할 수 없는 게 많은 것은 나도 마찬가지였으므로 내가 말했다. 리엘라는 그 말을 듣고 어쩐지 기분이 풀어진 것처럼 보였다.

"세상에는 이해할 수 없는 일이 많아. 세상에는 이해할 수 없는 일이 많아."

그녀는 앵무새처럼 그 말을 따라 하며 고개를 주억거렸다. 다 젖은 웃을 하고서도 언제 화를 냈냐는 듯 금세 프흐흐 웃는 그녀의 모습이 왠지 오래도록 기억에 남을 것 같았다.

"그래도 당신은 도망치지 않네요."

내가 말하자, 그녀는

"어딜, 어딜 도망가?" 했다.

그녀는 자주 무언가를 이해할 수 없다고 말하곤 했다. 리엘라와 그녀의 언니가 해준 이야기에 따르면 그녀가 무대 위에 올라가 춤을 춘 것도 이번이 처음이 아니었다.

"지호, 신날 땐 춤추는 거지?"

"그렇지요."

"근데 왜 어떨 땐 안 돼? 이해할 수 없어요."

그녀는 한 밴드의 공연에서 춤을 춘 적이 있다고 했다. 복지관에서 만난 한 사람이 그녀에게 자신의 공연을 보러 와 달라며 그녀를 초대했던 모양이다. 그녀의 수업을 옆에서 도와주곤 했다는 그 사람을 리엘라는 선생님이라고 불렀다가 친구라고 불렀다가 했다. 어쨌거나 리엘라는 선생님인지 친구인지 모를 그 사람이 공연을 하고 있던 도중 무대 중앙으로 나가 춤을 추었다. 딱딱하게 굳어진 그 사람과 다른 연주자들의 표정을 발견한 것은 이미 그녀가 한참이나 춤을 추고 난 뒤였다. 그런 표정을 지은 사람은 으레 그녀에게 화를 내곤 했기 때문에 리엘라는 갑자기 무서워져서 무대에서 내려왔다. 신이 날 때는 춤을 추는 것이라고 배웠는데 왜 그날은 사람들이 그런 표정을 지었는지 리엘라는 이해할 수 없었다.

"원래는 박수를 쳐 줬었는데." 리엘라가 시무룩한 표정을 지었다. "이해할 수 없어요, 이해할 수 없어…."

중얼거리는 그녀를 지켜보던 그녀의 언니는 조금은 피곤해 보이는 얼굴이 되었다.

"얘가 음악을 들으면 저도 모르게 몸을 들썩여요. 릴한테는 그게 어쩔 수가 없나 봐. 지호씨가 이해를 좀 해줘요."

"왜 안 돼, 왜?"

리엘라가 다시 말했다. 세상의 수많은 이해하기 어려운 일들에 대해서 그녀에게 설명을 해주는 사람은 아마 거의 없었을 것이었다. 그리고 그것은 어쩌면 나에게도, 그녀의 언니에게도 마찬가지였다.

"그래도 나, 그건 알아."

리엘라가 말했다.

"뭘요?"

"지호는 좋은 사람."

"… 왜요?"

"하지 말라고도 안 하고. 늙은 아비도 불러주고."

그녀는 다시 베시시 웃었다. 그랬다. 그녀에게는 이해할 수 없는 일들이 많았지만 그래도 그녀는 밴드 공연자들이 짓던 표정이 무엇을 의미하는지, 박수가 무엇을 의미하는지를 알고 있었다. 그리고 그녀는 나와의 만남 역시도 좋은 쪽으로 판단해낸 듯했다. 내가 그녀가 원할 때마다 클레멘타인을 연주해 주었기 때문인지, 그녀가 춤을 출 때 박수를 쳐주었기 때문인지, 아니면 그저 춤을 추고 함께 밀크티를 먹는 것이 즐거웠기 때문인지는 모르겠다. 하지만 그녀는 내가 제게 나쁜 일을 하지 않을 거란 걸 거의 확신하는 것 같았다. 그리고 나는 내가 그걸 저버릴 수 없을 거라는 걸 어렴풋이 알았다.

그날, 리엘라를 집에 데려다주고 그녀의 언니는 내게 리엘라에 대한 이야기를 좀 더 해주었다. 그녀가 노래 클레멘타인을 좋아하게 된 것은 그녀의 아버지 때문이었다. 그녀의 아버지는 자주 그 노래를 흥얼거렸고 그럴 때마다 어린 딸들에게 "너네 이 늙은 아비를 버리고 언젠간 가버릴 거야?"하고 장난스레 물어왔다. 그럴 때마다 리엘라는 "안 갈 거야."하고 대답했다. 언니는 "아빠 안 늙었어." 하고도 말했다. 실제로도 리엘라는 아버지를 떠날 수 없었을 것이다. 그러나 정작 그녀를 떠난 것은 아버지였다. 어느 날 밤 아버지는 그녀의 언니에게 너희도 이제 다 컸으니 당신을 좀 이해해 달라고, 당신도 이제 지쳤으니 자유롭게 살고 싶다고 말했다. 그리고 그 후로 자매는 다시는 아버지를 볼 수 없었다. 리엘라의 언니는 리엘라가 자고 있는 것처럼 보였지만 사실은 자신과 아버지가 나누던 대화를 다 들었을 것이라고 했다. 아버지가 떠난 뒤로 리엘라는 더 자주 클레멘타인을 흥얼거렸다. 언니에게 '늙은 아비'를 불러 달라고 해서 노래에 맞춰 춤을 추는 날도 많았다. 그럴 때마다 리엘라는 언니에게 "아빠는 늙었어?" 하고 묻기도 하고 "아빠는 어딨어?"하고 묻기도 했다. 그러면 언니는 "이제는 늙었겠지."하고 대답해 주었고 아버지가 어디 있는지는 언니도 알지 못했으므로 대답하지 않았다. 아버지가 왜 돌아오지 않는지, 어디에 있는지는 리엘라가 이해할 수 없는 것들의 많은 목록들 중 하나였을 것이다. 신이 날 때면 춤을 춘다는 그녀는 아마도 아버지를 떠올리면 신이 났던 걸지도 모르겠다. 노래를 부르면 아버지가 돌아올지도 모른다는 생각을 했을 수도 있을 터였다. 이야기를 들으며 나는 그녀에게 좀 더 멋진 클레멘타인 연주를 들려주고 싶다는 생각을 했다. 그러나 그녀는 이제 더 이상 P시에 없었다.

*

공항에 들어서자 바다 냄새가 물씬 풍겼다. 휴양지로 유명한 도시답게 들뜬 얼굴의 사람들이 보였다. 주민으로 보이는 사람들도 가지각색의 차림새와 얼굴을 하고 있었다. 이런 곳에서 리엘라가 잘 살아갈 수 있을까, 여전히 춤을 추고 사진을 찍을 수 있을까 싶었다. 나는 C시의 도심으로 향했다. 그럴 리가 없다는 것은 잘 알았지만 광장에서 연주를 하면 왠지 그녀를 만날 수 있을 것 같은 기분이었다. 나는 P시에서 그랬던 것처럼 내가 아는 가장 신나는 노래들을 연주했다. 사람들은 박수와 환호성을 보내왔지만 리엘라는 나타나지 않았다. 클레멘타인을 연주해 보아도 마찬가지였다. 점점 연주의 속도를 높이고 가장 신나는 곡조로 변주를 해보아도, 연주에 맞추어 춤을 추는 사람은 끝내 아무도 없었다. 당연했지만 쓸쓸한 마음이 들었다. 여기에서 그녀의 흔적을 찾는 것은 포기해야 할 것 같았다. 나는 사람들이 던져 준 동전을 주워 모아 근처의 카페로 가 밀크티를 샀다. 그러면서 어째서 이렇게까지 리엘라를 다시 만나고 싶은 것인지를 떠올렸다.

그녀가 나의 연주를 누구보다 좋아해 주었기 때문이기도 했지만 비단 그것뿐만은 아닌 것 같았다. 부당한 일을 당하면 사과를 요구하는 그녀, 신이 날 때면 그저 춤을 추는 그녀, 이해할 수 없으면 그렇다고 말하는 그녀의 모습이 떠올랐다. 무엇이 좋고 싫은지가 그녀에게는 무척이나 명확해 보였다. 그건 나에게는 없는 모습이었다. 리엘라라면 결코 누군가에게 그렇게 도망치다가는 소중한 건 다 잃게 될 거라는 등의 소리는 듣지 않을 것이었다. 리엘라와 함께 있으면 자신을 한심하게 여기는 일 같은 건 하지 않아도 될 것 같았다. 나는 다 마신 컵을 쓰레기통에 버리고 C시의 시청으로 향했다. 그녀가 있을 법한 장소를 찾을 수 있을까 해서였다.

"이 근처의 장애인 시설을 전부 조회해 볼 수 있을까요?"

직원은 그런 건 핸드폰으로 찾아보시라고 퉁명스럽게 대답했다. 그러나 핸드폰으로 찾아보았을 때는 바닷가에 있는 시설이 단 한 군데도 없었으므로, 나는 직원에게 다시 부탁했다.

"부탁입니다. 제가 찾는 시설이 핸드폰에는 나오지 않아요."

직원은 컴퓨터로 이것저것 검색해 보더니 도시의 지도를 꺼내 시설의 위치와 이름을 표시해 주었다.

"감사합니다."

직원이 표시해 준 지도를 들고 시청을 나왔다. 직원의 말에 의하면 이 도시에 바닷가 장애인 시설은 단 두 군데뿐이었다. 나는 광장에서 연주를 하고 얻은 돈을 모두 털어 자동차를 렌트했다. 그래도 들러야 할 곳이 두 군데뿐이라는 게 다행이라면 다행이었다.

차에서 내리자 푸른색과 흰색으로 칠해진 기다란 집이 보였다. 바다를 형상화해 놓은 것 같은 색감이었다. 비록 이곳이 여행지와는 거리가 멀다고 해도 바닷가에 위치한 바다를 닮은 집이라면 리엘라에게도 괜찮지 않을까 문득 생각했다. 그러나 다시 보니 이 바다는 여행지의 설렘보다는 쓸쓸함에 더 가까웠다.

저쪽에서 인영이 보였다. 누군가가 춤을 추고 있었다. 말할 것도 없이 리엘라였다. 그녀는 고래고래 소리를 지르며 울고 있었다. 울면서 클레멘타인을 부르고 그러면서도 춤을 추고 있었다. 그녀는 내게 신이 날 때는 춤을 추는 것이라고 말했다. 그러나 지금 그녀는 전혀 신나 보이지 않았는데도 그 어느 때보다 격렬하게 춤을 추고 있었다. 시설에서 일하는 보육인들로 보이는 사람들이 그녀의 양팔을 붙들었다. 그들은 리엘라에게 안 된다고, 하지 말라고 말하고 있었다. 리엘라가 살아오면서 지겹게 들었을 말들이었다.

"하지 말라고 하지 마. '하지 마' 하지 마!"

그녀는 다시 악을 쓰며 소리를 질렀다. 나는 그녀를 향해 천천히 걸어갔다. 리엘라는 나와 눈이 마주치자 "늙은 아비, 늙은 아비 불러줘!" 하고 꽥 소리를 질렀다. 나는 어깨에 메고 있던 바이올린을 꺼내 클레멘타인을 연주했다. 그녀는 연주를 들으며 흐느끼기 시작했다. 더 이상 소리를 지르지는 않았지만 흐느끼면서 그녀는 조금씩 몸을 흔들었다. 나는 곧이어 신나는 곡조로 변주를 시작했고 그녀는 다시 춤을 추기 시작했다. 온몸을 내던지며 보다 더 강렬하게. 보육인들은 더 이상 그녀를 말리지 않았고 가만히 서서 우리 두 사람이 연주하고 춤추는 모습을 지켜보았다.

연주가 끝나고 그녀는 내게 어디 갔었어, 하고 말했다. 너무 많이 소리를 지르고 몸을 움직인 탓인지 힘이 다 빠진 것 같은 목소리였지만 미묘하게 상기되어 있었다. 나는 보육인들에게 그녀와 잠시 산책을 하고 와도 되느냐고 물었고 그들은 해가 지기 전까지는 돌아와 달라고 했다.

근처에는 카페 하나 없었고 별달리 갈 데가 있는 것도 아니었으므로 우리는 그저 해변을 계속해서 걸었다.

"어디 갔었어."

그녀가 다시 물었다.

"버론 스트리트 3번지에 갔었어요."

"6번지 아니고 3번지?"

"응. 6번지 아니고 3번지."

한참을 걷다가 이번에는 내가 그녀에게 말을 걸었다.

"어떻게 지냈어요?"

"잘, 지냈어요."

그녀가 대답했다.

"아까 보니까 못 지낸 것 같던데."

"못, 지냈어요."

그녀가 다시 대답했다.

"왜 못 지냈어요? 아까 그 사람들이 춤 못 추게 해요?"

"응. 자꾸 하지 마, 하지 마, 라고 해. 하지 마 하지 마, 싫어요."

그녀는 정말로 진절머리가 난다는 듯한 표정을 지어 보였다.

우리의 대화는 계속 뚝뚝 끊어졌지만 그래도 분명 무언가를 공유하고 있었다. 오래되지 않아 하늘이 점점 어두워지는가 싶더니 빗줄기가 투둑투둑 떨어졌다. 이제 들어가야 하려나 싶었지만 여기서 리엘라를 보내면 그녀를 다시 보기 힘들 것 같았다.

"리엘라, 비가 오는데요."

"응 괜찮아."

빗줄기가 점점 거세졌다. 나는 말없이 걷는 리엘라의 옆얼굴을 쳐다보았다. 그녀는 온몸으로 폭우를 맞으면서도 눈 한번 깜빡이지 않았다. 파도가 점점 거세지고 있었지만 그런 것 따위는 문제 되지 않는다는 양 단호해 보이는 발걸음이었다. 화가 난 것 같기도 했다. 물줄기가 그녀의 머리카락을 타고 흘러내렸다. 나는 할 말을 뒤적였지만 달리 해야 할 말을 찾을 수 없었다. 그녀가 왜 울고 있었는지 왜 화가 났는지 약간은 짐작할 수 있었지만 그것이 나의 잘못은 아닌 것 같았으므로 섣불리 그녀를 위로할 수도 없었다. 애초에 나는 내가 왜 여기서 리엘라와 이렇게 걷고 있는지도 이해할 수 없었다. 그저 그녀와 시간을 보내다 보니 그녀의 저돌적인 태도가 내게도 옮아왔지 싶었다. 한참을 걷다가 그녀가 말을 먼저 말을 꺼냈다.

"언니가 없어."

"그러네요."

"아빠도 없어."

"…."

"지호도 없어질 거야?"

나는 대답할 수 없었다. 당장 내일 어디에서 무엇을 해서 먹고 잘 돈을 벌지도 모르는 상황이었다. 리엘라의 가족이 다시 그녀를 데려가지 않는 한 이 시설에서 평생을 살게 될 그녀와 내가 앞으로 관계를 더 유지할 수 있을까. 이 도시에 올 때는 깊게 고민하지 않았던 현실적인 상황들이 갑자기 밀려들어왔다.

"당신은 도망치지 않네요."

리엘라가 말했다. 내가 그녀에게 했던 말이었다. 그녀는 다른 사람의 말이나 언젠가 들었던 말을 따라 하는 방식으로 하고 싶은 말을 하곤 했으므로, 그러니까 지금 그녀는 아마도 내게 도망치지 말라는 말을 하는 중이었다.

"세상에는 이해할 수 없는 일이 많아."

리엘라가 다시 말했다. 이번에도 내가 그녀에게 해주었던 말이었다.

"맞아요. 세상에는 이해할 수 없는 일이 많아요."

정말 그랬다. 리엘라가 이런 곳으로 갑자기 떠나오게 된 것도, 내가 그런 그녀를 따라와서 여기서 함께 이야기를 나누고 있는 것도 다 그랬다. 그래도 문득 그녀와 이야기를 하다 보면 세상에 이해하지 못하는 것이 아무리 많아도 어쩌면 괜찮을지도 모르겠다는 생각이 들었다. 이렇게 계속 이야기하다 보면 언젠가는 이해하게 될 날이 올 지도 모르겠다는 생각도.

"저도 도망치지 말까요?"

내가 말했다.

*

C시에는 예상보다 오래 머무르게 되었다. 리엘라때문은 아니었다. 그날 리엘라가 나타나기를 기대하며 연주했던 광장에서 내게 동전 대신 명함을 던져준 사람이 있었다. 굳이 그렇게 한 이유가 궁금해 명함에 적힌 번호로 전화를 걸었다. 그녀는 그 도시에서 큰 재즈바를 운영하고 있는데, 나를 그 바에서 정기 공연을 하는 밴드의 정식 멤버로 영입하고 싶다고 했다. 간단한 민요를 서정적으로 연주했다가 격렬하고 빠르게 연주했다가 하며 이리저리 편곡을 하는 모습이 인상 깊었다고 전해왔다. 리엘라 덕에 당장의 먹고 살 일이 풀린 셈이었다. 그 바에서 연주를 하다 보니 나를 불러주는 다른 행사나 공연 자리도 종종 생기곤 해서 그렇게 그 도시를 떠나지 못하고 눌러앉아 버렸다. 물론 언제든 다른 도시로 떠나거나 고향으로 돌아갈지도 모른다는 생각은 늘 하고 있다. 다만 그 바에서 주는 급여가 너무 쏠쏠해서 쉽게 그만두기는 어려웠으므로 당분간은 아마 지금처럼 지낼 것이다.

리엘라는 언제부터인가 나를 '마이 프렌드 지호'라고 부르기 시작했다. 내가 왜 그렇게 부르냐고 물었더니 그녀는 "친구는 이해할 수 있어."라고 대답했다. 어디서 배운 정의인지는 모르겠으나 리엘라는 나를 이해할 수 있는 사람의 범주에 포함시켰나 보다. 그러나 그녀와는 달리 나는 여전히 리엘라를 이해하기 어려운 날들이 많았다. 가령, 처음 간 카페에서 밀크티를 팔지 않으면 몇 시간이 넘도록 밀크티를 파는 카페를 찾아 걸어야만 한다던지. 아니면 비나 눈이 올 때는 그걸 꼭 맞아야만 한다던지.

리엘라의 언니는 이주에 한 번 리엘라를 보러 왔다. 그리고 나는 리엘라의 집에 멀지 않은 곳에 거처가 있었기 때문에 일주일에 한 번 리엘라를 만났다. 오기로 약속한 시간에 오지 않으면 리엘라가 불같이 화를 냈으므로 그녀를 만나는 시간은 내 일주일의 일과 중 가장 규칙적인 일과가 되어있었다.

"월요일 4시에는 마이 프렌드 지호를 만나요."

리엘라는 나를 보면 꼭 그렇게 말했다.

"9시에는 헤어져요."

나는 이렇게 말했다. 그러면 리엘라는 목에 걸고 있는 목걸이 수첩을 들여다보며 내 말을 따라 했다. 그러면서 수첩에 적혀있는 '마이 프렌드 지호 만나기'에 크게 엑스자를 그었다. 월요일 4시와 9시, 그리고 목걸이 수첩은 나와 그녀의 언니가, 우리와 헤어져 시설로 돌아갈 때마다 힘들어하는 리엘라를 위해 함께 고안한 방법이었다.

시설의 보육사들은 리엘라더러 '행운아'라고 했다. 다른 시설의 장애인들과 달리 정기적으로 찾아오는 사람이 둘이나 있다는 이유에서였다. 그러나 나도 리엘라도 그게 왜 '행운'이어야 하는지는 이해하지 못했다.

저녁을 먹고, 카페에 들러 밀크티를 마시고, 사진을 찍고, 바닷가로 돌아와 산책을 하는 것은 매주 월요일마다 반복되는 우리의 일과였다. 여느 월요일처럼 산책을 하고 있던 그날, 리엘라는 내게 물어왔다.

"왜 여기 왔어요?"

일 년 전과 같은 질문이었다.

"당신을 더 만나고 싶어서요."

이번에는 질문에 대답할 수 있었다. 그녀를 한 번 더 만나고 싶었던 이유도 이제는 조금이지만 알 수 있었다.

"당신은 도망치지 않는 사람이니까요."

내가 덧붙였다.

"당신은 도망치지 않네요."

리엘라가 말했다. 지난번과 달리 명령형이나 청유형이 아니라 평서문에 가까운 의미라는 것을 나는 알 수 있었다.

"마이 프렌드 지호, 지호는 마이 프렌드지?"

리엘라가 다시 물었다.

"리엘라만 그렇게 생각해 준다면요."

"프렌드는 없어지지 않지요?"

"음..... 잠깐 없어지더라도 계속 생각하다가 언젠가는 돌아오지 않을까요?"

"프렌드는 언젠가는 돌아와?"

"프렌드는 언젠가는 돌아와요." 내가 다시 힘주어 말했다.

"그래. 그러면 마이 프렌드 지호. 나는 이제 가볼게. 9시에는 헤어져요."

리엘라는 목걸이 수첩에 적혀있는 '마이 프렌드 지호와 헤어지기'에 크게 엑스자를 그었다.

"마이 프렌드 지호. 안녕. 언젠가는 돌아올게."

"마이 프렌드 리엘라. 안녕. 언젠가는 돌아와요."

나는 똑같이 화답했다. 시설로 돌아가는 그녀의 뒷모습을 오랫동안 바라보았다. 나는 이 도시를 떠나더라도 리엘라를 계속 생각하다가 언젠가는 돌아올 것이다. 그리고 내가 그렇게 하리라는 것은 그녀로부터 옮아온 나의 작은 변화들 중 하나였다.

괜찮은 척하는 것은
괜찮은 게 아니다.

강은주

강은주 새벽까지 잠들지 못하고 라디오에 엽서를 보내고, 내 사연이 소개가 될 때마다 작가라도 된 듯 뿌듯해하며 작가의 꿈을 키우던 문학 소녀. 국문과에만 가면 모두 작가가 되는 줄 알았다.그런데 현실은 국어 자습서와 평가문제집을 읽으며 아이들과 20년을 지나와버렸다. 그동안 생활에 밀려 접어두었던 꿈을 막 시작해 보려하는데 상상하지도 못했던 녀석이 나를 멈춰서게 했다. 하지만, 더이상 미루어 둘 수 없는 나의 꿈. 이제 나는 내 이야기를 시작하려한다.

기억, 기록 #1 괜찮은 척하는 것은 괜찮은 게 아니다.

2021년 10월 27일

괜찮은 척하는 것은 괜찮은 게 아니다. 누군가는 내게 다행이라고 했고 또 누군가는 행운이라고 했다. 세 명 중 한 명이 가는 길이고 그 중에서도 난 이만하길 참 다행인 행운. 그렇다면 난 이 행운을 기꺼이 양보할 수 있다. 아니 기쁜 마음으로 아주 기쁜 마음으로, 양보해 줄 생각이 있다. 그러니 다행이라고 행운이라고 말한 그대여! 주저 말고 내게 오라 아낌없이 남김없이 모두 주겠다.

철이와 메텔이 탄 우주 기차가 하얀 증기를 내뿜으며 까만 우주 속으로 빨려 들어가는 장면을 처음 보았을 때의 충격과 두려움은 지금도 나에게 너무나 선명히 남아있다. 모든 갈등이 해결되고 주인공을 태운 기차가 유유히 사라지는 그 장면이 누군가에게는 속 시원한 해피엔딩이었을지 모르지만 나에게는 알 수 없는 막막함과 어둠 속으로 빨려 들어가는 끝이 없는 두려움이었다. 그 후로 나는 며칠 밤을 어두운 우주에 둥둥 떠다니는 운석을 보며 막막해하는 꿈을 꿨다.

'내가 이 세상에서 사라진다면 내가 의식하지 못하는 세계가 나 없이도 저렇게 막연하게 계속되겠지?' 내 유년의 밤을 가득 채웠던 그 장면은 마흔이 넘은 지금의 나에게 불면이라는 이름으로 여전히 남아 있다.

시골의 여름밤은 짧았고 너무도 늦게 찾아왔다. 그러나 한밤의 극심한 더위는 동짓날 밤 못지않게 지루하고 길게 느껴질 만큼 사람들을 지치고 괴롭게 만들었다. 일의 고단함을 이기지 못하고 막걸리를 거하게 마신 아버지의 기분이 롤러코스터 마냥 들쭉날쭉하면 누구도 예상하지 못하는 부분에서 못마땅함이 불거져 나오곤 했다. 그럴 때마다 아래채 할머니와 알 수 없는 논쟁이 시작되었고 어김없이 싸움으로 번졌다. 분명 몇 시간 전만 해도 내리쬐는 뜨거운 햇볕 아래 둘도 없이 다정한 모자 사이를 뽐내기라도 하듯 서로 애틋하게 돕고 챙기며 일을 하던 모습은 온 데 간 데 없고 뚜렷한 이유도 없이 서로를 할퀴는 아픈 말들을 쏟아내며 상처를 주고받고 있었다. 그럴 때면 난 마을 어귀 다리에 앉아서 멀리서 들려오는 그 소리가 잦아들고 개구리 소리와 소쩍새 울음소리만 남을 때까지 오래도록 별을 올려다보았다. 까무룩 다리 위에서 잠이라도 들면 어디선가 술을 마시지 않는 친아빠와 희고 고운 손을 가진 친엄마가 나를 데리러 오는 꿈을 꾸기도 했다. 그 여름밤의 꿈이 가장 큰 사치였다는 걸 알기까지 참 오랜 시간이 필요했다. 마흔여섯 다시 찾은 시골에 누웠을 때 비로소 나는 알 수 있었다. 내가 다시 이 다리에 누워 별을 보며 간절하게 기다리고 그리워하는 것은 희고 가느다란 손을 가진 꿈속의 엄마가 아니라 검게 그을린 얼굴에 뭉뚝한 손톱, 갈라진 손끝으로 잠자는 내 얼굴을 쓰다듬어 주던 진짜 내 엄마라는 사실을. 이 당연한 걸 알기까지 꼭 30년의 시간이 걸렸다. 그때는 이곳에서 벗어나고 싶었고 도망치고 싶다는 생각뿐이었다. 그러나 난 지금 이곳에 돌아와 있다. 너무 지친 몸으로.

　암이라고 했다. 드라마나 영화를 보면 보호자를 불러 환자에게 알릴지 말지를 의논하기도 하고, 당사자에 대한 예의를 운운하며 보이지 않는 곳에서 노력을 기울이던데 현실은 그렇지 않았다. 건강검진 공단에서 의례적으로 시행하는 검사를 하고 빈 속에 올라오는 허기를 채울 생각뿐이었다. 내시경 검사를 수면으로 진행한 탓에 약기운에 취해있는 나를 다급하게 원장실로 불렀다. 그리고는 무척이나 건조한 말투로 암이라고 했다. 바로 상급 병원으로 오후 진료를 잡으라고 했다. 조금 전 그 차갑고 건조하던 말투와는 사뭇 다르게 자신의 경험에서 우러나오는 진솔한 조언도 잊지 않았다. 조직검사를 해봐야 알겠지만 육안으로도 확연히 알 수 있는 암이라고. 수술이 불가능할 수 있겠지만 항암을 하면서 방법을 찾아볼 수도 있을 것이니 너무 놀라지 말라고 했다. 이미 놀랄만한 이야기를 다 쏟아내 놓고는 지금 와서 놀라지 말라니 참 이기적인 사람. 진료실을 나오는데 어쩐지 눈물도 나오지 않았다.

　'나 참 독한 년이구나. 이러니 암에 걸리지.'

　이런 쓸데없는 생각에 헛웃음까지 나오는 걸 보니 아무래도 제정신은 아닌 듯싶었다.

'나 암 이래 지금 좀 와 줘야겠어.'

회사에 있는 남편에게 문자를 보내고 나니 그제야 아주 조금 실감이 났다. 모든 사람들이 어떤 잘못을 해서 벌을 받아 아픈 것은 아니겠지만 내게 그날의 그 선고는 나에 대한 심판 같았다. 만약 신이 있다면 그의 멱살을 잡고 물어보고 싶었다.

'내가 무엇을 잘못했기에? 왜 나냐고, 왜 나여야만 하냐고.'

억울한 생각이 깊어 갈 즈음 쌓여 있던 활명수 병과 태어난 지 얼마 지나지 않은 딸을 업고 시아버지의 위 내시경 사진을 보기 위해 검사실로 불려 들어갔던 날이 선명하게 떠올랐다. 아마도 이 병이 나여야만 하는 이유가 있다면 이 날의 나 때문인 것 같다. 남편을 만나며 처음 시댁에 인사를 갔던 날 검은 간장 종지에 마른 김 몇 장과 고춧잎만 남은 무말랭이가 담긴 접시, 남은 된장찌개와 김치찌개를 합쳐서 데워 놓은 찌그러진 양은 냄비가 놓인 밥상을 보면서 나는 내가 이 집에 올 것만 같은 예감이 들었다. 저 밥상을 바꿔야만 할 의무감 같은 것이 느껴졌다고나 할까. 그 근본도 없고 이유도 없는 몹쓸 예감은 틀리지 않았다. 가족이 되고 채 3년이 지나지 않았을 무렵부터 아버님의 부탁이 시작되었다. 퇴근길에 활명수를 사다 달라던 부탁이 한 병이 되고 두 병이 되고 어느새 박스 째 사 오는 날이 많아지고 있었다. 밥 한 공기로 세끼를 나눠 드시고도 활명수를 들이켜시던 아버님의 상황을 한참이 지난 후에야 나는 알게 되었다. 동네 내과에 내시경 검사를 예약하고 병원을 찾았다. 아버님이 검사실로 들어가고, 복도에서 기다리는 나를 진료실 안으로 부르기까지의 시간은 그리 길지 않았다. 의사는 화면을 가리키며 "암입니다." 일주일 뒤 조직검사를 봐야 알겠지만 육안으로도 알 수 있는 많이 진행된 암이니 큰 병원으로 가보라고 했다. 아직 태어난 지 백일도 안 된 딸이 내 등에 업혀 찡얼거리기 시작한 것도 모른 채 한참을 멍하니 서서 화면만 응시하고 있었다. 이제 막 가수면 상태에서 깨어나기 시작한 아버님, 야근을 마치고 돌아와 저녁 출근을 앞두고 잠들어 있을 늘 고단한 신랑. 그리고 나.

'난 지금 무엇을 해야 할까? 무엇을 할 수 있을까?' 놀란 가슴을 진정시킬 새도 없이

'수술을 해야 할까? 수술이 될까? 수술을 할 수 있다면 그 병원비는 어찌 마련할까?'

지독하게도 모질고 나쁜 년인 나는 어느새 병원비 걱정까지 생각이 닿아 있었다. 그러나 아버님은 수술은 시도조차 해 보지 못하고 3년을 고통스럽게 지내다 돌아가셨다. 이 일을 겪으면서도 암은 늘 남의 일처럼 여겨졌고, 항암치료는 텔레비전 속의 특집 다큐멘터리에서나 보던 먼 세상의 이야기 같았다. 그런데 이상하게도 지금의 내게도 그렇다. 비록 수술 자국 선명한 나의 몸이, 항암 치료로 노래진 나의 얼굴이 내가 암 환자임을 확인시켜 주고 있지만 여전히 내게 암은 남의 이야기이고 나는 그저 몸이 아파 치료를 받는 과정에 있을 뿐이다.

"암입니다."

허공으로 흩어지던 두 번의 선고. 내가 나의 기억을 기록하고 추억하고 싶다고 마음먹은 후 가장 먼저 나를 찾아온 반갑지 않은 손님. 여

전히 난 이 녀석을 외면하고 싶고 모른 척하고 싶다. 그러나 기억을 기록함에 있어 이 녀석을 빼 놓을 수 없었다. 그러니 누구라도 값싼 동정이나 서툰 위로로 나를 보듬지 말아 줬으면 한다. 세 명 중 한 명이 가는 길이며 그나마 다른 것보다는 다행이라는 말 따위의, 그래도 그만하니 행운이라는 그런 말 같지 않은 말들로 내 서글픔을 확인시키지 말았으면 한다. 지금 이렇게 괜찮은 척한다고 해서, 결코 괜찮은 것이 아니라는 것을 꼭 기억해 주길 바란다.

기억, 기록 #2 갈림길

2021년 10월 30일

나에게 주어진 닷새. 건강하고 평범한 마흔다섯 살 주부의 삶과 암 환자로서의 내 삶 사이에 주어진 딱 닷새. 그 시간 나는 무엇을 하고 싶었고 어디를 가고 싶었을까? 사실 아무 생각도 없었다. 그저 조직검사 결과 오진이었다는 의사 선생님의 한마디를 간절히 기다렸다. 괜찮을 거고, 아무렇지도 않을 거란 이야기가 듣고 싶었다. 고향집에 도착했을 때 시골에서 농사를 짓는 친정오빠는 마당에 큰 솥을 걸어 닭을 삶고 있었다. 나를 보며 아무 말도 하지 않았다. 말하지 않음으로 이미 나에게 충분히 마음을 전하고 있었기에 나도 오빠의 눈을 똑바로 쳐다볼 수 없었다. 해가 질 무렵부터 대구에서 큰 언니 부부와 동생 부부가 차례로 내려왔고 광명에 사는 작은 언니까지 도착하면서 우리 다섯 남매는 정말 오랜만에 한집에 모였다. 그 누구도 먼저 말을 꺼내지 못했고 마당에서 방으로 방에서 마당으로 서로가 서로를 피해다니 듯 그렇게 각자의 방법으로 이 무겁고 어색한 분위기를 견뎌내고 있었다. 내가 나서는 방법밖에.

"나 괜찮아요. 아직 확진도 아니고 조직 검사 결과도 나와야 하고, 걱정 말아요. 이렇게 다 모일 필요는 없었는데⋯⋯우리 모인 김에 오랜만에 술이나 한잔 하죠."

평소보다 한층 높아진 나의 목소리 탓이었을까? 마당 이쪽저쪽에 흩어져 있던 언니와 동생이 갑자기 훌쩍거리기 시작했다.

"바보들 아직 결정된 건 하나도 없는데⋯⋯"

얼른 술상을 차리고 아무렇지 않은 척 한 잔 두 잔 술을 권하는 나를 보고나서야 분위기가 조금씩 나아지기 시작했다. 조금씩 취해가는 사람들을 보다 조용히 혼자 방 안으로 들어와 누웠다. "괜찮을 거야. 은주가 얼마나 열심히 살았는데, 이제 좀 먹고 살 만하게 자리 잡는데 괜찮을 거야. 자 걱정 말고 한잔 합시다."

둘째 형부의 목소리가 들렸다. 이 말이 의사의 진단이 오진임을 확인시켜주거나 한 듯 순식간에 마당의 분위기는 달라졌다. 마치 몇 해 전 아버지의 환갑잔치를 하던 날의 풍경처럼. 나는 문득 생각했다. '내가 보지 못하는 나의 장례식이 이 모습이겠구나. 너무 이른 나의 부고에 슬퍼하며 소주 한잔 하는 사람, 이 방에 누워 남몰래 눈물을 흘려주는 사람, 또 다른 누군가는 지금의 저들처럼 마당 한 귀퉁이에서 내 이

야기, 동네 사람 누구누구의 이야기로 밤을 새우겠지……'

기억, 기록 #3 시작

2021년 12월 8일

1차 항암을 위해 입원하기로 한 날. 아들의 고등학교 입학 원서 마감일이었다. 도장을 맡겼어야 했는데 미리 챙기지 못해 급히 도장집에 찾아가 나무 막도장 하나를 파서 학교 1층 현관에 맡기고 돌아섰다. 교실에 있을 아들이 갑자기 너무 보고 싶다는 생각에 갓길에 차를 세우고 한참을 울고 나서야 집으로 돌아왔다. 어느 순간부터 억울하다는 생각이 사라졌다. 사실 아무것도 몰라서 겁도 나지 않는 것인지 모르겠다. 덤덤하다. 다시 입원한 병원에서의 첫날밤이다. 막연하게 난 항암치료를 받으러 들어왔다. 나를 보는 사람들마다 힘들고 어려울 것이라 위로를 했고 나는 괜찮을 거라고 대답을 했다. 정말 지금까지는, 아직은 괜찮다. 꼭 한 달 전 처음 암 진단을 받았던 날도 그랬고 수술실에 들어가던 날도 그랬다. 남의 일처럼 느껴진다. 하나하나 내 몸으로 부딪히고 견뎌내야 하는 일들이 반복되고 있는데도 지금의 이 덤덤함은 무엇인지……사실 나는 이 덤덤함이 더 무섭다. 아직 한 번도 해보지 않았기에 겁이 없는 것일 텐데. 1차가 끝나고 11번의 남은 치료를 해야 할 때 얼마나 두려워질지……알고 있는 고통을 피할 방법이 없어 알고도 그 길을 고스란히 가야 한다는 것. 부디 그 두려움을 내가 잘 이겨 낼 수 있기를⋯⋯오후에만 네 번이나 병원 지하 편의점에 다녀왔다. 불안함 때문인지 자꾸 무언가를 해야만 했다. 기껏 살 수 있는 것은 생수와 갑 티슈, 그리고 머리끈이 전부인데⋯⋯12시가 넘어도 잠이 오지 않았다. 결국 수면제 처방을 받고 나서야 잠이 들 수 있었다.

2021년 12월 9일

살기 위해 나를 죽여야 하는 일을 오늘부터 시작하려 한다. 나를 해하려는 세포들을 내가 해 하기 위해 나를 위하려는 세포까지 같이 해할 수밖에 없다. 오늘부터 나는 나를 살리기 위해 나를 죽여 가는 독한 짓을 시작하려 한다.

2021년 12월 22일

최선을 다해 나만 생각하려 하는데 떠오르는 딱 한 사람 그대에게

죽을 수도 있다 생각하니 그래도 남의 일 같고, 이 병의 무게가 어떤지 머릿속으로 이론적으로 너무 잘 알고 있지만 여전히 내게는 내 것 같지 않은 참 이상한 시간들이 지나고 있어. 인정하고 싶지 않은 마음도, 애써 부정하고 싶은 생각도 없는데 나에게는 왜 이 모든 현실이 내 상황 같지 않은 것일까? 꽂고 있던 주사 바늘에 혈관이 찢어져 다시 꽂아야 하나봐. 잠시 손의 자유가 찾아와 이렇게 몇 자 남겨 봐.

2022년 1월 19일

눈이 많이 내리는 날. 칼국수 한 그릇이면 충분하다는 나에게 남편은 끝끝내 소갈비를 권했다. 병원 들어가면 며칠을 아무것도 먹을 수 없을 테니 많이 먹으라고 했다. 우리 네 식구는 흰 눈이 소복이 쌓이고 있는 마당이 넓은 갈빗집에서 점심을 먹었다. 병원 앞에 나를 내려주고 세 식구를 태운 남편의 차가 병원 현관 앞을 지나 보이지 않을 무렵, 어젯밤 생각이 났다. 남편과 아이들의 옷장을 정리하다 문득 '내가 없어도 익숙해지는 일상이 되면 어쩌지?' 서러운 생각이 들었다. 어느새 네 번째 치료, 아직 항암이라는 치료의 무게감과 따라오는 육체적인 고통, 암이라는 막연한 두려움. 그러나 내 일 같지 않은 덤덤함. 알 수 없는 어디쯤을 나는 계속 서성이고 있는 것 같다.

"고생해. 아무것도 해 줄 수 있는 게 없어서 미안해."

늦은 밤 술에 취한 남편의 전화에 심장이 쿵 하고 내려앉았다. 창밖에 쌓인 흰 눈이 무척이나 시리고, 내가 환자라는 사실이 식구들에게 참 많이 미안한 밤이었다.

2022년 2월 2일

몇 해 전 시아버지가 돌아가시던 날 아침. 옆에서 자리를 지키던 우리 중 누구도 아버님의 임종을 알지 못했다. 의사 선생님이 회진을 오고 난 후에야 조금 전 돌아가셨다는 사실을 알았다. 아직 마지막 청력은 남아 있으니 못다 한 이야기를 하라고 했다. 비록 반응은 하실 수 없지만 다 듣고 가실 수 있다고. 다섯 번째 항암이 시작되었다. 약물 주사를 시작한지 채 5분이 지나지 않아 갑자기 가슴이 답답해지더니 숨을 쉬기가 어려워졌다. 순식간에 온몸이 나른해지는가 싶더니 금새 침대가 나를 삼킬 듯이 바닥으로 끌어당기는 강한 힘이 느껴졌다. '무언가 잘못되고 있구나' 직감할 수 있었다. 갑자기 분주해지는 소리가 들렸다. 손끝에 나의 상태를 체크하는 여러 기구들이 차례대로 꽂히고 이내 차가운 기계음이 들리기 시작했다. 간호사들이 다급하게 의사 선생님을 호출하는 목소리가 들렸다. 오히려 나는 편안해지고 있다고 느껴지는데, 혈압이 떨어지고 있다는 다급한 목소리와 항암제 투약을 중단하고 빨리 해독제를 투여하라는 처방 내용까지 모든 게 너무도 생생하게 들렸다. 나는 눈을 떠 괜찮다고, 천천히 처치해도 된다고 이야기를 해 주고 싶었다. 그런데 눈을 뜰 수가 없었다. 이미 눈꺼풀 하나 손끝 하나까지도 나의 의지로는 움직일 수 없는 상황이 되어 있었다. 이상했다. 너무도 선명하고 또렷하게 모든 것이 들리고 느껴지는데, 내 상황을 전달할 방법이 없다. 그때 나는 아버님의 임종 직후 들었던 그 의사 선생님의 말이 생각났다. 마지막 남아있는 나의 감각이 청력이라는 사실이 자꾸만 그날의 기억으로 나를 이끌었다. 이렇게 영영 눈을 뜨지 못한다면 이것이 나의 임종이 되는 것일까? 차라리 모르고 있었더라면 이렇게까지 이 순간이 무섭지는 않았을 텐데…… 그 선명하게 들리는 모든 소리들이 조금씩 멀어지는가 싶더니 서서히 졸리기 시작했다. 나의 공포도 점점 더 극으로 치닫고 있었다. 얼마의 시간이 지났을까? 내가 다시 눈을 떴을 때 회색빛의 병실 천정이 보였다. '살아 있구나!' 그날 이후 침대에 누워 천정을 바라보다 혼자 잠드는 일이 나에게는 가장 무서운 일이 되었다.

기억, 기록 #4 엄마가 돌아왔다

2022년 3월 16일

엄마가 왔다. 분홍 저고리에 다홍색 치마를 곱게 차려입고 꽃이 만발한 담 너머 마당에서 뽀얀 막걸리를 한 사발 들이켜더니, 나를 돌아보았다. 그리고는 술잔을 내려놓은 그 하얀 손을 내게 내밀었다. 한여름 밤 다리 위에 누워서 꿈꾸었던 바로 그 하얗고 고운 손이었다. 하지만 얼굴은 분명 내 어머니였다. 그 어색한 조합에 왠지 모를 서늘함이 느껴졌다.

"엄마! 그렇게 곱게 차려 입고도 갈 데가 나밖에 없드나? 나 데리러 오는 게 그리 급하드나?" 반가움보다는 원망이 앞선 나의 말에 엄마는 아무 대답도 없었다. 퍼뜩 정신을 차리고 보니 사방은 캄캄했고 내 온몸은 땀에 젖어있었다.

엄마는 늘 내게 미안해했다. 젖먹이인 나를 시어머니에게 맡기고 아기 젖을 물리러 오지 않은 줄도 모르고 하루 종일 들에 나가 일을 했다고 한다. 일을 끝내고 집에 와보면 젖 대신 막걸리를 홀짝홀짝 받아 마시고 10원짜리 내기 화투 치는 동네 할머니들 옆에서 젖 냄새 대신 술 냄새 풍기며 잠들어 있는 나를 보며 몇 번이나 마른 울음을 삼키셨다고 했다. 글씨를 배우고 싶다고 공책을 들고 따라다니는 어린 나를 논둑에 앉혀 놓고 해가 지기를 기다리라고 했던 것도 내내 마음에 가시처럼 박혀 있다고 했다. 그러나 무엇보다 미안해했던 것은 따로 있었다. 사랑채가 마을 경로당이었던 우리 집에 동네 할아버지들은 매일 모여서 골패라는 마작을 했다. 끼니때가 되면 엄마는 밭에서 하던 일을 놓아두고 들어와 급히 10여 인분의 점심을 해내야 했다. 긴 홍두깨로 이불만큼이나 큰 밀가루 반죽을 밀어 가마솥에 끓여 낸 한여름의 건진 칼국수, 닭을 푹 고아 끓여 낸 닭 개장도 맛있었지만, 그중에서도 최고는 언제나 할아버지들이 걸은 돈으로 사 온 라면이었다. 라면 10봉지를 크고 검은 무쇠 솥에 넣고 끓이면 부엌을 넘어 그 큰 마당이 황홀한 라면 국물 냄새로 가득 채워졌다. 면이라고는 허연 국수밖에 몰랐던 여섯 살 시골 꼬마에게 라면 수프가 만들어 내는 국물의 냄새는 그 어떤 것으로도 대신할 수 없는 강한 유혹이었다. 뜨거운 김이 연신 뿜어져 나오는 부엌문에 기대어 서서 엄마를 빤히 쳐다보며 그 꼬불꼬불한 면 한 가닥과 국물 한 국자만 퍼 주기를 얼마나 간절히 바랐었는지. 그러나 엄마는 어르신들이 사 온 것이라고 그 국물 한 그릇 퍼내는 것도 도둑질이라 생각해서 내게 끝끝내 그 라면 국물 한 사발도 주지 않았다. 바닥을 드러낸 검은 솥을 보면서 참았던 울음을 터뜨리며

"엄마는 내 국물 쪼매만 주지"

여섯 살 나의 원망은 평생 엄마를 괴롭혔던 것 같다. 내가 시집을 가던 날 새벽, 엄마가 내게 처음으로 사과를 했다.

"내가 너무 등신 같아서, 그게 뭐라고…… 그 라면 국물 한 그릇 티도 안 나는데. 그 더운 부엌문에 붙어 서서 그 국물 한 국자 달라는데 그걸 못 퍼줬다. 미안하다. 시집가거든 맛난 거 실컷 먹고 신랑한테 사랑받고 살그라. 라면도 실컷 먹고…… 미안했데이"

이렇게 사소한 일 하나도 마음에 담아둔 채 그 누구보다 순수하고 정직하게 살았던 우리 엄마. 고향 떠나 객지에서 힘들게 살다가 잠시 다니러 간 시골집에서 잠이 든 딸의 얼굴을 조심스레 만지다가도 혹시나 잠이 깨면 어쩌나 걱정하며 자식 머리 한번 편안히 쓰다듬어 보지 못하던 우리 엄마. 하룻밤만 더 자고 가면 안 되냐고 묻지도 잡지도 못한 채 먼 산 귀퉁이 고개 너머로 버스가 돌아 내려오면 그제야 작은 목소리로

"하루만 더 있다 가지⋯⋯"

혼잣말로 아쉬움을 삼키던 우리 엄마. 그런 엄마가 시아버지 제삿밥 한 그릇 떠 놓고, 10년을 앉은뱅이로 지내던 신랑의 머리맡에 자리끼를 올려 두고는 조용히 떠나버렸다. 얼마나 고단하고 힘들었을까? 그러기에 온다는 말도 간다는 말도 없이 조용히 잠이 든 채 멀리서 오는 우리를 맞았던 것이겠지.

엄마를 보내던 날

너무 슬퍼하거나 서럽게 울지 말라하셨습니다. 이제 편안히 새로운 곳에서 행복해야 할 어머니께서 울고 있는 우리를 보면⋯⋯ 가시던 걸음 차마 떨어지지 않아 돌아보고 망설이다 가실 길 잊으면 영영 구천 헤매는 서러운 영혼이 된다 하셨습니다. 그럼에 우리의 인연은 여기까지인가 봅니다 어머니! 훌훌 털고 편히 가서 기다리소서. 또 다른 인연이 있다면 그때 꼭 다시 만납시다. 잘 가셔요 어머니⋯⋯ 그래야 엄마가 좋은 곳에서 편할 수 있다고 하셨습니다. 그래서 마음속으로 "좋

은 곳으로 가셔요. 좋은 곳으로 가셔요." 수없이 되뇌었습니다. 하지
만, 차마 심중에서 이 말만은 삼키고 말았습니다. '우리의 인연 여기까
지인가 봅니다……'이 말을 하고 나면 정말 엄마와 나의 인연은 여기
까지가 되어 버릴까 봐 겁이 났습니다. 혹여 제 마음속에 품고 있는 당
신 때문에 뒤돌아보고 싶어지더라도 버리고 잊고 이젠 정말 편안해지
기를…….

　엄마를 보내고 몸도 마음도 엄마 없는 진짜 엄마 없는 애가 되었는
데. 8년이 지난 지금. 엄마가 너무도 곱게 차려 입고 나를 데리러 왔
다. 내게 그 곱고 하얀 손을 내밀었다. 지난밤 엄마의 그 손이 너무도
서러웠다.

기억, 기록 #5 ......ing

　2022년 5월

　나는 다행히 아직 엄마가 내밀었던 그 손을 잡지 않았다. 말하지 않
아도 알 수 있는 일이 있는가 하면 아무리 말해도 알 수 없는 일이 있
기도 하다. 지금 내가 가고 있는 이 길이 그런 것 같다. 삶은 오롯이 나
혼자만의 몫이다.

오빠 책상

서수상

서수상   소설.시.뭐든쓰고싶어요.

수필최우수상종합지등단

소설종합지등단

시 한국수자원공사k워터동상.백일장차상

한겨레교육센터.해이수선생님2번수료.시는조동범선생님수료.

김현영기초반수료.sf줌수료

email: ppomk090@naver.com

아버지는 새벽에 일어나 글 읽는 소리로 아침을 열었다. 책 읽는 소리가 그치면 아침상을 가지고 들어갔다. 기력은 없어 보였지만 책을 보는 눈빛은 죽지 않고 살아 있었다. 그래서 우리 가족은 책이 있는 책상은 함부로 대할 수 없는 신성한 존재로 여겼다.

수틀을 들고 앉았다. 꽃봉오리와 활짝 핀 꽃잎, 세 잎을 수놓을 동안 톱질하는 소리는 계속 들렸다. 동생의 썰매를 만들어 주려는 걸까. 아니면 지게를 만들려는 것인가. 잠시 뒤에는 사포로 미는 소리가 들렸다. '뭘 하고 있을까!' 다른 꽃잎을 빨갛게 채워나갔다. 망치 소리가 들렸다. 나는 궁금해 밖으로 나가 보았다. 책상의 모양을 한 나무 구조물은 튼튼해 보였다. 사포로 곱게 밀어 반들거렸다. 송판을 몸체 위에 올리고 모서리마다 못을 박고 있었다. '내 책상을 만들어 주려는 걸까. 기대도 하지 않은 책상이 생기는 것인가.' 아버지의 손에서 책상은 튼튼하게 마무리 되고 있었다.

"아부지, 뭐라예?"

"보면 몰라. 책상이지."

"책상은 아는데 누구 책상이라예?"

조금은 기대를 하며 물어보았다.

"누구건 누구거여, 네 동생 것이지."

"아부지, 내꺼는예? 경규는 오빠 책상 쓰면 되잖아예."

"갱숙이 네가 책상이 왜 필요해. 기집애가 중학조 했으면 취직을 하든지. 네 엄니 도와 밥이나 잘하면 되았지. 책상은 무슨."

"저도 고등학교 가야 하는데 왜 책상이 필요 없어예?"

"이것아, 학조는 먼 학조? 네 오래비 공부시키기도 빠듯한데, 도시에 방이라도 한 칸 있어야 하고 네 동생 공부시키자면 너까지 못 시켜."

아버지는 내 걱정은 조금도 하지 않았다.

"고등학교 졸업하면 제가 취직해서 돈 많이 벌어올게예. 아부지 저도 학교 보내주우소."

"안 된다. 네 엄니하고 상의해 보거라."

아버지 생각은 찔러도 손톱도 안 들어가는 익은 박이다. 어떻게 해볼 엄두가 나지 않았다.

어머니 옆에 앉았다.

"엄마, 3년만 더 있다 돈 벌면 안 될까?"

"나도 그랬으면 좋겠는데, 네 아버지 병원비에다 약값 해야지, 경구 중학교 가야지, 네 오빠 대학은 나와야 하지 않겠어? 나도 네가 하고 싶은 대로 해 주고 싶지."

"그러니까 일요일에는 남의 집 품삯 일을 해서라도 내 학비는 벌어

올게. 엄마가 조금만 도와줘.”

“힘들어! 지금 있는 논이라도 팔아야 할 형편이야. 갱숙이 네가 올해는 집안일 돕고 내년에 다시 생각해 보면 어떨까!”

“싫어, 어떻게 하든지 나도 공부할 거야. 집안일이 뭐 대수라고. 동생 시키면 되지 나만 하라는 법 있어?”

“너 없으면 누가 해. 아부지를 봐. 얼마나 힘들어하는지.”

겨울바람은 대나무를 흔들고 지나갔다. 마른 잎 소리가 났다. 뼈를 문지르는 소리 같았다.

“김경숙 씨 편지 왔어요.”

내 이름을 부르는 소리에 놀라 얼른 밖으로 나갔다. 집배원 손에는 편지가 들려 있었다. ‘누구지!’ 얼른 주소를 보았다. 마을 끝에 살던 미자 언니에게서 온 편지였다. 지난 설날에 만났을 때, 언니 다니는 회사에 사람 구하면 편지를 해달라고 부탁을 해 두었다.

경숙이에게

경숙아, 잘 있었니? 나는 잘 지내.

내가 이 회사에서 월급을 받고 생활한 것도 벌써 3년이라는 세월이 흘렀구나! 너도 이제 졸업반이지? 너는 졸업하면 고등학교 갈 거니? 아니면 직장이라도 구하려면 여기 말해 주려고.

부산은 신발을 많이 만들어. 너도 생각 있으면 이곳에 와서 일하자. 월급은 꼬박꼬박 잘 나와. 기숙사도 있고, 돈은 벌면 집에 보내거나 적금을 들고, 공부도 할 수 있어. 시골에 있는 것보다 도시에서 직장 생활을 하면 생활에 보탬이 돼서 좋잖아. 잘 생각해 보고 부모님과 상의

해서 편지 해줘.

그럼 이만 줄일게.

부산에서 미자 언니가

미자 언니의 편지를 받아서 기분이 좋았다. 얼마를 모았을까. 언니의 꿈은 간호사였었나. 겨울 밤이었다. 하루는 언니네 집에 여럿이 모였다. 모두 돌아가며 뭐가 되고 싶은지 이야기를 했었다. 슈퍼 사장, 간호사, 선생님, 좋은 남자 만나 결혼하기, 큰 모직회사 취직 하기, 그런 이야기를 하며 긴 겨울 밤을 보냈다. 그때 그 언니의 꿈이 간호사였던가 그랬었다.

나는.

예쁜 탤런트를 보았다. 연기가 마음에 들어 그 탤런트처럼 되고 싶다는 생각을 한 적이 있었다. 그런데 그건 너무 불가능해 보였다. 돈이 많이 들 것 같았다. 선생님이라고 했던 것 같다. 유치원 선생님이든가 일학년 선생님이든가 그렇게 말했다. 마음속에 새겨두지 않고 지냈다.

읍내로 나가 고등학교에 입학하지 않을 것이라면 돈 벌러 가야 한다. 미자 언니의 편지를 어머니에게 보여 주었다.

"갱숙이 너는 어떻게 했으면 하는데?"

대답하기 전에 여러 가지 신경 쓰였다. 병색이 짙은 아버지는 들일을 하지 못하고, 동생은 아직 어리고, 오빠는 자취하며 대학 다니느라 바쁘고, 여자 혼자 집안일과 들일에다 어머니까지 자주 기침소리를 내며 걱정을 끼쳤다. 도대체 엄마들은 무슨 꿈을 가지고 살고 있는지 모르겠다.

"엄마는 뭐가 되고 싶었어?"

어머니는 한참 뜸을 들였다.

"엄마는 뭐가 되고 싶었냐니까."

대답이 없다. 꿈이 없는 건지 아니면 꿈을 가질 만큼 여유가 없었는지. 꿈꿀 자유마저 없었을까, 여자라서.

"머가 되고 싶기는 머가 되고 싶어. 결혼 잘하는 것이 좋은 것이지. 좋은 남자 만나 애 낳고 잘 살면 그것이 제일 좋은 것이지."

"엄마는 그게 다야? 그러면 내 꿈은 뭐게?"

"몰라, 너는 머가 되고 싶노?"

"거 있잖아, 저녁에 하는 연속극에 나오는 탤런트. 그 탤런트를 보면 그렇게 연기하는 여자가 되고 싶고, 체육 선생님이 여자였잖아, 그 선생님을 보면 선생님이 되고 싶어. 그런데 미스코리아를 보면 미스코리아가 되고 싶더라. 나는 선생님, 초등학교 선생님이 되고 싶어."

초롱초롱 빛나는 눈을 하고 '하나 둘, 하나 둘' 구령에 맞춰 교실로 가는 아이들을 상상하며 모나리자 미소를 지었다.

"야가 머라카노. 지금 제정신이가?"

"정말 선생님이 되고 싶다니까. 왜? 나는 왜 안 돼? 여자라서 안 된다는 거야? 엄마처럼 살라고?"

어머니에게 대들어 보았다.

"나도 공부하고 싶어. 오빠 책상에 앉아 오빠처럼 열심히 공부하고 싶단 말이야."

"갱숙아, 정신 차리라이, 네가 그카면 내 마음이 어떻케노."

"뭐 어떻기는 뭐가 어때! 그냥 확 죽어버리삘남."

"이 가시나가 못하는 말이 없어. 나가, 나가서 뒈져."

어머니는 화가 나서 빗자루를 들고 따라왔다.

"엄마야 나 살려."

꽁지 빠지게 친구 집으로 도망을 쳤다.

"미경아, 오늘 하루만 집에 안 들어갈래. 여기서 자도 되나?"

"그래, 뭐 속상한 일이라도 있었나?"

"응, 속상해 죽겠데이."

친구 집에서 저녁을 얻어먹었다. 밤에 이런 얘기 저런 얘기를 하다 잠이 들었다. 새벽에 일어나 집에 들어갔다.

앞산은 푸릇푸릇 짙게 물들어갔다. 산나물 뜯고, 고사리 꺾으러 가자는 아지매 둘이 큰 앞치마를 두르고 왔다.

"갱숙아, 고사리 꺾으러 가자. 용숫골에는 벌써 고사리 난다카더라. 스물 뭉치 만들면 십만 원 아이가. 머 하노 빨리가자카이."

앞치마를 입고 멜빵 가방 하나 지고 도시락을 싸서 뒤따라 갔다.

이 산 저 산 돌아다녀 꺾은 고사리는 무거웠다. 고사리도 두 달 정도 수확하면 끝났다. 아무리 열심히 꺾어도 삼십 묶음 만들기는 어렵다. 오빠 등록금, 병원비, 약값, 언제 백만 원을 만들 수 있을까.

"아지매요, 제 부탁하나 들어 주실랍니까?"

"뭔데?"

"이 고사리 아지매가 좀 사주이소."

"왜? 돈이 필요하나?"

"예."

"어디 쓸라꼬?"

"그건 묻지 마시고 이거 다 하면 얼마 되겠습니까?"

"한, 오만 원은 안 되겠나."

"그라면 사만 원만 쳐 주우소."

"머, 급한 일이 있나?"

"묻지 마시고 그래 좀 해주이소."

"알겠다. 네 엄마한테는 머라칼래?"

대답하기 곤란해 잠시 머뭇거렸다.

"그거는, 제가 알아서 할게예."

"잠깐 기다리래이."

잠시 기다리는 동안, '차라리 회사에 가서 월급을 받으면 좀 나아지지 않을까'라는 생각이 떠올랐다.

"여있다."

아지매는 사만 원을 주었다. 그 돈을 받아 책갈피에 숨겨 두었다.

밥하고 빨래하고, 일꾼들 새참하고, 나무하고 밭일하고, 일, 일, 일, 일이 끝이 없다. 조금 모이면 나가야 하는 돈, 돈, 돈. 나가야 할 돈은 끝이 없고 들어오는 돈은 적고 허리띠를 졸라매어도 부족했다.

모내기해야 하는 논에 물이 없어 애를 태우며 비를 기다렸다. 집 앞 논에는 개구리 소리가 요란하다. 목청 자랑하는 날인가 쉴 사이 없이 울어대는 개구리 때문에 걱정을 잊었다. 저들은 뭐가 좋은지 밤새도록 개구리 노래를 한다. 내 마음은 조용하지가 않다. 걱정이 많아 힘들다.
'너희들은 뭐가 그리 좋으냐 개구리들아.' 밤에는 논에 물이 들어가게
물꼬를 터놓았다. 다른 집 논으로 들어가는 물을 막았다. 농사 이웃들
은 자기의 논에 물이 들어가게끔 하려고 밤길을 갔다. 모내기할 때는
논에 물이 없으면 모를 심을 수 없다. 동생과 논 옆에 기다렸다가 논에
물이 들어가는 걸 보고 나서야 집으로 왔다.

세 마지기 논에 물을 가두었다. 이 집 저 집 품삯 일을 했기 때문에
여러 명이 이틀 만에 모내기를 다 끝냈다. 모내기한 논에 풀 뽑기를 할
때까지 시간이 좀 있다. 6월도 그럭저럭 끝나가고 있었다.

전에 받은 미자 언니가 보낸 편지를 읽었다. 그리고 편지를 썼다. 사
람을 구하는지 물어보았다. 구인하고 있다는 편지를 받았다. 모내기
를 끝내고 갈 것이라고 편지를 해 두었다. 고사리 판 돈과 일해서 받은
돈을 합하면 기본적인 생활은 할 수 있을 것이다. 집안일은 엄마가 어
떻게 해서라도 한다. 농사일은 품삯으로 해결하면 되고 나머지는 나도
모른다. 오빠가 신경을 써주든 동생이 일을 도와주든 이 없음 잇몸으
로 먹는다고 했으니 떠난 마음을 다시 붙들어 맬 수는 없었다.

닭 우는 소리에 잠을 깼다. 격자무늬 문이 점점 또렷하게 보였다. 평
소보다 이른 밥을 해 먹고 얼른 보따리를 챙겼다. 혹시 빠진 것은 없는
지 한 번 더 보고 큰 가방에 챙겨 넣었다. 밤에 쓴 쪽지는 어머니 일복
바지 주머니에 넣어 두었다. 버스 타는 곳으로 갔다.

"갱숙이 어디 가나?"

하고 아지매가 물었다.

"예, 장에 뭐 좀 살 것도 있고, 볼 일이 있어예."

"그러나? 그런데 옷차림이 장에 가는 옷이 아닌데?"

"오늘은 잘 좀 입었어예."

십 리 길을 달려 버스는 학교 앞에 섰다.

"갱숙아 너는 안 내리나?"

아지매는 앉아 있는 나를 보고 재촉을 했다.

"예에, 내려야지예. 아지매 먼저 내리시소."

"그래? 그라까."

고개를 갸우뚱하면서 아지매는 내렸다.

면에 내릴 사람은 다 내렸다. 시끄럽던 차 안이 조용해졌다. 나는 이대로 도시로 나갈 참이다. 버스는 홀가분하게 그 자리를 떠났다.

도시 정류장에 도착하니까 점심시간이 되었다. 부산 가는 버스는 30분 뒤에 출발한다. 표부터 끊어놓았다. 음료수 하나를 사고 혹시 몰라 부산 가는 버스가 맞는지 운전기사 아저씨에게 물어보고 버스에 탔다. 좌석 번호를 확인하고 번호표대로 앉았다. 좌석을 반 정도 채우고 출발했다. 창 너머로 보이는 낯선 풍경은 도착할 때까지 신기하게 보였다.

대도시 역에 내렸다. 매표소는 붐볐다. 보퉁이를 든 아주머니와 할머니, 가방을 든 노인과 학생, 어린아이, 밀물처럼 들어왔다가 썰물같이 빠져나갔다. 삶에는 목표가 있다. 저마다 닿아야 하는 목표를 향해 가고 있다. 어디에서 어디까지 가는지는 알 수 없다. 나처럼 시골에서 도시로 직장을 구하려고 오는 사람들이 있고, 반면 시골로 가는 사람이 있기도 하다. 모두 다른 방향으로 삶의 터전을 찾아갔다. 매표소는 조용하기도 하고, 시끄럽기도 하며 오늘이 내일이고 내일이 오늘 같은 날을 반복하며 길고 긴 역의 역사를 써나갔다.

시내 쪽으로 가는 버스를 기다렸다. 38번과 60번, 버스는 금방 왔다. 토큰을 넣고 창 밖으로 보이는 집과 건물을 보며 내가 내려야 할 장소를 지나치지 않으려 신경을 곤두세웠다. 버스는 어디로 가는지 모르지만 차 안은 만원이었다. 어떤 남자가 내 엉덩이에 자신의 앞부분을 밀착시키고 살을 문질렀다. 이상하게 기분이 나빠 아주머니가 앉은 좌석 앞으로 들어가 피했다. 한참을 더 가서 목적지에 닿았다. 차는 길에 내려놓고 떠났다. 잘 모르는 아주머니에게 회사 이름을 말하고 가는 길을 물어 큰 건물 앞에서 기다렸다. 퇴근 시간보다 조금 일찍 도착했다. 늦으면 언니가 기다리지만 내가 일찍 와서 다행이었다. 6시 되기 전에 미자 언니를 만날 수 있었다.

"언니야!"

손을 흔들며 언니를 불렀다.

"경숙아."

단발머리를 한 언니가 반갑게 맞아 주었다.

"아이고, 경숙이 많이 컸네! 버스 타고 오느라 힘들었지?"

"아니다. 창 밖을 보면서 오니까 금방 왔어."

"그래! 야야, 밥부터 먹으러 가자."

중국집으로 갔다.

"오늘은 경숙이 덕에 짜장면을 다 먹어보겠네."

"그러나? 나도 언니 덕에 짜장면을 다 먹어보네. 언니야 잘 먹을게."

까만 짜장면을 비벼 입으로 넣기가 바쁘게 술술 넘어갔다.

"집에 가자. 일단 가서 내일 어떻게 할 건지 생각해 보자."

"응 그라자."

자취방은 간단했다. 자물쇠가 달린 문을 열고 들어가면 부엌 겸 세면대로 쓸 수 있는 부엌 하나, 둘이 자면 적당한 방 하나, 살림살이라고는 작은 냄비 두 개 그릇 몇 개, 세수대야가 있고, 창고에는 연탄이, 모두 몇 개인지 셀 수 있을 정도였다.

"경숙아, 실은, 내가 근무하는 곳은 인원이 다 찼고, 여기서 조금 더 가면 그곳에 사람을 구한다고 해."

"아, 그래! 그곳에 가면 되겠네."

"괜찮겠어? 방은 둘이 써도 되고 따로 얻어도 되고 너 원하는 대로 해도 돼."

"그럼 언니 반 나 반 방세는 그렇게 하면 되겠다."

먼 곳까지 와서 아는 사람이 있다는 것이 얼마나 다행인지 모른다. 그리고 방도 안 얻어도 되고 식비와 연탄 모든 것이 반으로 줄어 한 푼이라도 아낄 수 있게 되었다.

"내일 사람 구한다는 곳에 가 봐."

"알겠다. 언니야, 고마워."

날이 밝자 집안을 말끔하게 정리를 해놓고 가까운 미장원을 찾아갔다. 실내는 약간 어두웠다. 파마 약 냄새가 살짝 났다.

"머리 모양은 어떻게 할라요? 요새는 파마도 살짝 만 하는 핀컬 파마가 있는데, 그거 한번 해볼라요?"

"있잖아예. 그 파마는 어떻습니까?"

"아줌마같이 뽀글거리는 거 싫어하는 아가씨들이 많이 하제. 아가씨도 그렇게 하면 더 이뻐 보이겠구만."

미장원 아주머니는 파마를 권한다. 커트만 하면 커트비만 내고 파마를 하면 커트하는 요금은 무료다.

"값은 커트비보다 좀 더 하지만 해놓으면 이뿌기는 더 이뿌지."

입심 좋은 미용실 아주머니의 권유로 처음으로 파마를 해보게 되었다. 파마약을 바르고 머리카락을 손으로 살살 돌려 말고 핀을 꽂는다. 그렇게 하면 머리카락은 성질이 한 번 죽어 곱슬곱슬하게 되어 손질하기가 편해진다. 두어 시간 걸려 머리를 다 하고 거울 앞에 서 보니 스무 살쯤 되어 보이는 아가씨가 되었다.

집에 와서 옷에 신경을 썼다. 단정하게 입었다. 하늘하늘 원피스에 샌들을 신고 챙이 조금 넓은 모자를 썼다. 가방은 미자 언니가 아끼는 것을 빌렸다. 언니가 말한 회사를 찾아갔다. 안내인은 사무실로 인도해 주었다.

"이력서 가지고 왔어요?"

젊은 남자가 물었다.

"아니예."

종이 한 장과 볼펜 하나를 주었다.

"학교, 이름, 주민번호, 거기 적힌 대로 채워 넣어 봐요."

글씨 잘 쓴다는 소리를 들었기 때문에 예쁜 글씨로 이력서를 적었다. 그런데 적을 것이 별로 없었다. 회사 맞춤복을 입은 젊은 남자는 이력서를 챙기고 내일부터 출근해도 된다고 했다. 기분이 좋아서 감사하다는 인사를 하고 그곳을 나왔다. 자취방에 와서 시골집으로 곧장 편지를 썼다. 걱정하는 어머니를 생각하면 하루라도 빨리 편지를 부치고 안부를 전하는 것이 딸 된 도리다.

회사 일이라는 것은 처음부터 쉬운 건 아니다. 지시하는 대로 하고 가르쳐주면 배우면 된다. 한 라인에 앉아 밑바닥에 접착제를 바르고 바닥을 부치는 일을 한다. 수북하게 쌓인 양을 보며 한 눈 팔지 않고 부지런히 바르고 날라야 한다. 재봉틀에 앉아 있는 사람이 부러웠다. 여유가 있어 보여 그들처럼 되고 싶었다. 그러나 그들처럼 숙련공이 되려면 몇 년은 배워야 한다. 남자 주임은 자연스럽게 일을 처리해 나갔고 모두 아무 소리도 안 내고 일을 잘 해내었다. 할당된 양을 열심히 하다 보면 점심시간이 되었고, 또 정신 없이 바르고 붙이고 나면 퇴근 시간이다. 잠잘 자취방이 있고 말할 상대가 있어 타향생활에 두려움이 적어졌다.

하루하루 시간은 잘 갔다. 몇 번의 월급을 받을 만큼 무사히 지나갔다. 일에도 능숙해졌다. 점심 먹는 것도 잘 찾아 먹게 되었다. 비슷한 또래도 있고 현장 사람들과 어울렸다. 어떤 날은 음악을 틀어놓고 춤추기 대회를 열기도 했다. 남자 주임처럼 오래 근무한 사람같이 적응되어 월급날을 기다리게 되었다. 마음의 여유가 생기자 학원을 알아보았다. 저녁 시간에 수업을 들을 수 있어야 한다. 하루라도 일찍 시작하지 않으면 늦어진다. 열 시에 마치고 자취방에 오면 좀 늦기는 하다. 한 달 등록하고 토큰을 몇 개 더 사 왔다.

어떤 남자가 학원까지 따라왔다. 나와 상관없는 일이라고 생각하며 수업을 마치고 오는 길에 정류장에서 또 마주쳤다.

"저 잠시만 시간 좀 낼 수 있을까요?"

"난 시간 없어요."

며칠을 따라다니며 귀찮게 했다. 잠시만 이야기를 하자는 것이다. 이성에 대해서는 생각해 본 적이 없다. 집 앞까지 따라오며 시간 약속을 받아내려고 갖은 애를 썼다. 며칠 보이지 않아 마음을 놓았다. 학원을 마치고 자취방 앞까지 왔다.

"경숙 씨." 하고 부르는 소리에 놀라 잠시 걸음을 멈추었다.

"잠시면 됩니다. 그 회사 취직을 하려니까 아는 사람도 없고, 부탁할 곳도 마땅찮고, 그래서 경숙 씨 뒤를 따라온 겁니다. 초면에 미안하게 됐습니다." '진작에 그렇게 말할 것이지 사람만 놀랐잖아'

"취직하려고 했어예? 나는 나쁜 사람인가 하고 겁 먹었잖아예. 그런데 내 이름은 어떻게 알았습니까?"

"그건 회사에 나올 때 누가 부르는 소리를 들었습니다. 그때 알았지요."

"나도 얼마 안 되어 잘 몰라예."

"부모님 생활비라도 부쳐주고 싶어서 그래요. 일 년 벌어 공부하고, 쉬었다 또 일 년 벌고, 그렇게 하면 졸업은 하지 않겠습니까? 내일 학원 끝나고 잠시 만날 수 있을까요?"

"알겠어예."

남자는 갔다. 늦은 밤에 잘 곳은 있는지 걱정이 되었다. 내일은 또 내일의 일이 있을 것이다.

몇 번의 만남으로 반갑게 인사하게 되었다. 이름은 김철진, 00대학교 휴학생, 취직해서 월급 받아 등록금 낼 정도면 다시 복학한다는 고학생이다.

철진 오빠가 좋아서 몇 번 만났다. 영화를 보거나 맛있는 음식을 먹거나 하는 것은 사치였다. 그래서 걷거나 공원 벤치에 앉아 있다가 돌아왔다. 하루는 책방에 데리고 갔다.

"경숙이가 꼭 읽고 싶은 책 한 권만 골라 봐. 이 오빠가 사줄게."

월급 받고 며칠 지나지 않았을 때여서 큰 부담은 되지 않을 거라는 생각에 한 권을 고르기로 했다. 홀로서기라는 시집을 골랐다.

"이 책 어떻습니까?"

"재미있어. 내가 한 권 골라줄게."

박노해 시인의 [노동의 새벽]을 골라주었다. 처음 듣는 이름과 책 제목, 마음에 드는 건 아니지만 좋아하는 오빠가 사주니까 받았다.

"그리고 멀리 갈지도 몰라. 오래 있다가 올지도 모르거든. 밥 잘 먹고 공부 열심히 하고 건강하게 잘 지내고, 칠월 칠석날 만나자."

"견우와 직녀가 만나는 날 아닙니까?"

"응."

그는 고개를 끄덕였다. 나는 책에 눈길을 주었다.

"우리가 처음 만난 날이 언제였지? 8월이지?"

"그때가 8월인 건 분명한데 날짜는 잘 모르겠어예."

"그러니까 양력으로 생각나지 않으니까 음력으로 칠월 칠석날 만나 자고 하는 거야."

"그럼 음력 7월 7일이 칠석 아닙니까?"

"잘 기억해, 내년에 여기서 만나는 거다. 알겠지?"

"알겠어예."

"나, 멀리 갈지도 몰라."

멀리 갈지도 모른다고 했다. 갔다가 오겠거니 생각하며 한 귀로 듣고 말았다. 새로 산 책이 마음에 들었다. 배운 사람이라서 이런 책을 읽는가, 검은색 안경을 쓰고 있어서 더 지적으로 보였다. 책 한 권 사려다 두 권을 사게 되었다. 뿌듯한 마음에 다음에는 헌책방에 가보기로 미리 약속해 두었다. 새 책을 사보기에는 부담이 되었다.

다음 데이트 날에는 헌책방에서 만났다. 그 오빠가 읽어보라는 책과 내가 읽고 싶은 책을 사서 자취방으로 돌아왔다. 그래서 약속이 있는 날은 마음이 들뜨곤 했다. 늦은 날은 자취방까지 데려다주었다.

골목길로 들어왔을 때다. 두 손을 잡았다. 몇 걸음 더 갔다. 갑자기

"우심깜뽀 할까?"라고 말했다.

"예? 그게 무슨 말입니까?"

"내가 가르쳐 줄까?"

깜깜한 골목길에 섰다. 그리고 입을 맞췄다.

"이게 우심깜뽀야." 하는 것이다.

"다음에 우심깜뽀라고 하면, 우리 심심한데 깜깜한 곳에서 뽀뽀나

할까, 라고 알아들어." 심장이 두근두근 날뛰었다.

　자취방에는 책이 늘어났다. 내가 읽고 싶은 책과 읽어보라고 권한 책, 종류도 다양하게 변해 갔다. 책을 보면 시골에 있을 오빠 책상이 생각났다. 동생이 앉기에는 조금 높고 내가 앉으면 맞을 높이다. 나도 책상에 앉아 책을 읽고 공부를 하며 대학교에 가고 싶었다. 지금의 내 처지는 어렵지만 그렇게 될 날을 꿈꾸며 살았다. 학원, 회사, 자취방, 책방, 놀이공원이나 음악다방, 다람쥐 쳇바퀴 돌리듯 한 날들이 늘어갔다. 책도 책꽂이를 메워 나갔다. 책상이 있는 내 방을 갖게 된다면 다른 소원이 필요하지 않다. 오빠 책상만큼 좋은 책상은 없다. 아버지가 직접 만들어 준 것이어서 정이 갔다. 하나 더 만들어 달라고 하면 아버지는 화를 낼 것이다. 하지만 이대로 있을 수는 없었다. 여유가 허락한다면 둘이 아닌 내 방을 하나 가지고 싶었다. 자취방이라도 책상이 있는 내방이라면 얼마나 좋을까 하는 생각을 하며 살았다.

　소박한 밥상을 위해 모두 일을 하고 있었다. 나도 그렇다. 나의 작은 바람과 집안의 살림을 배분 받아 그 역할을 해야 하는 처지에서 게으름을 피울 수는 없었다. 주어진 일에 감사하고 사는 걸 여자의 숙명처럼 여겼다. 사는 일이 숨 막히는 일만 있는 것도 아니었다. 가끔은 호강을 누릴 권리도 있었다.

　학원 앞에서 철진 오빠를 만났다.

　"경숙아, 일요일 뭐해?"

　"밀린 빨래나 하고 책이나 읽고 쉬어야 안 되겠어예!"

　"그럼, 그런 건 다음에 하고 음악다방이나 가볼까?"

"음악다방이 뭡니까?"

"듣고 싶은 음악을 쪽지에 적어 신청하면 DJ 오빠가 음악을 들려주는 곳이야. 음악도 듣고 차도 마시고. 한번 가볼래?"

"그런 데가 있습니까? 가보고 싶어예."

시내 중앙통에 있는 DJ가 있는 음악다방으로 갔다. 철진 오빠가 차를 시키고 주변을 둘러보는데 감미로운 남자의 목소리가 들렸다.

"세상에서 가장 사랑하는 여자에게 이 음악을 들려주고 싶다는 철진 오빠의 신청 곡입니다. The Manhattans-Kiss and Say Goodbye"

외국 가수의 목소리는 더 감미로웠다. 이런 공간 이런 음악 나의 낙원이 따로 없었다. 음악과 차, 좋아하는 오빠. 누구와 같이 있는가에 따라 공간의 숨결도 달라진다. 오늘의 데이트는 최상이었다. 꿈같은 시간이었다.

라디오를 들으며 가사를 구해 번역을 해보았다. 단어 하나하나가 재미있었다. 발음 기호를 붙여가며 읽어보았다. 다른 팝송에도 관심이 갔다. 대학생들은 팝송을 많이 들었다. 갑자기 대학생처럼 팝송을 들었다. 가사와 뜻도 모르면서 리듬이 좋아 듣게 되었다. 그리고 밤에는 라디오를 들었다. 신청 곡을 적어 엽서를 보냈다. 엽서를 읽어 주고 듣고 싶은 음악이 흐르면 행복한 밤이 되었다.

회사에서 점심을 먹고 일을 하기 전에 화장실을 갔다. 안에 있는데 문밖에서 두 명이 이야기를 나누는 소리가 들렸다.

"다른 회사로 옮길까 생각 중이야."

"좀 더 있으면 월급 올려줄 건데 왜?"

"힘들어서. 일은 힘들고, 월급은 적고, 달마다 월급 타도 모자라. 시골에 보내고 나면 허리띠 졸라매도 모자랄 판이야. 다른 데는 더 준다는데."

"그러지 말고 일 년만 더 해보자."

다른 목소리가 말했다.

"그런데 같은 조 새로 들어온 사람 알지?"

"누구? 아, 짧은 머리 핀컬 파마 한 아가씨가?"

"그래, 가가 요주의 인물이라고 하데."

"그게 무슨 말이고?"

나는 나갈 수도 없고 가만히 듣고 있었다.

"그러니까 위장 취업 한 사람이라고?"

"위장 취업이 뭐꼬?"

"왜 있잖아, 나도 잘 모르지만 취업해서 회사가 어떻게 돌아가는지 보는 것 말이야. 아니면 현장 근무자에게 어떤 이익과 불이익이 있는지, 그렇지 않으면 의식을 바꾸어보려고 한다든가."

"그 핀컬 머리가? 대학생이라고?"

"머리에 먹물 좀 든 거 같지 않아? 저번에는 제일 큰 학원 이름이 머시고? 거기로 들어가는 걸 봤다는데."

"누가? 거기는 왜?"

그 둘은 손을 씻고 수다를 떨다 갔다. 핀컬 파마라고 해서 간이 콩알만 해졌다. 나보고 한 말은 아닐 것이다. 안에서 듣는다는 걸 알면 그렇게 이야기하지 못했을 것이다. 점심시간 끝나고 10분이 지났다. 그

둘 때문에 늦게 되었다. 지각은 하지 말자는 생활신조에 조금은 금이 갔다. 당연히 주임의 눈치가 보였다.

"경숙 씨는 요즘 뭐 한다고 지각이 잦아."

창피스러워 고개를 숙이고 있는데 주임은 또 잔소리를 퍼부었다.

"이러면 재미없어. 또 지각하면 잘라 버릴 거니까."

머피의 법칙이 떠올랐다. 안 좋은 일이 연달아 일어난다는 것이다. 가끔 일이 꼬일 때가 있다. 늦잠을 자다 통근버스를 놓치고 회사에 가기 싫을 때, 늦장을 부리다 지각을 하고 혼나서 화장실 가서 훌쩍이다 때려치우고 싶을 때, 우리 집은 왜 이렇게밖에 못 사는 걸까. 조금만 잘살았다면 해결되었을 일이 잘 풀리지 않았다.

남자 주임이 불렀다. 점심 먹기 전에 사무실에 가보라고 했다. 사무실에서 부를 일이 없는데 왜 부를까? 월급을 올려 주려고 하는 걸까. 짐작이 가는 일이 별로 없다. 식당으로 가기 전에 사무실을 찾았다.

관리자 옷을 입은 남자는 앉으라고 했다.

"경숙 씨 생긴 것 봐서는 그런 일 할 사람이 아닌 것 같은데 내가 잘못 봤나!"

사무실 남자는 은근 비꼬는 투로 말을 이었다.

"뭐가 예?"

"뭐가 예? 그 남자는 언제부터 아는 사이야?"

대뜸 남자 이야기로 시작했다. 그 남자는 짐작이 간다. 그런데 사무실에는 왜 오라는 거지.

"바른대로 불지 않으면 신상에 해로울 거야."

엄포를 놓아도 이해할 수 있는 엄포를 놓아야 말을 알아먹지만, 말 귀를 알아들을 수 없는 말을 하니까 더 이상하게 느껴졌다.

"과장님, 내가 뭘 어쨌다고 그럽니까?"

"그러다 당신 빨갱이 될 수가 있어."

빨갱이는 또 무슨 말인지 알 수 없다.

"빨리 사실대로 말하고 근무하는 게 어때?"

과장이라는 자는 말부터 달라지기 시작했다. 무슨 말을 하려고 하는지 알 수 없었다.

"당신, 언제부터 김철진 만났어?"

"아, 그 오빠! 철진이 오빠 말입니까?"

"그래, 김철진. 어떤 사이야? 전에 소개할 때, 외사촌 오빠라고 하지 않았어?"

"그랬지예. 취직하려니까 받아주는 곳도 없다고 해서 제가 소개해 주지 않았습니까? 성실하게 일 잘한다 아닙니까."

"일은 무슨? 정보나 캐고 일하는 사람들 선동이나 하려고 취직했겠지."

"그 오빠 그런 사람 아닙니다. 시골 사는 부모님 생활비 보내고, 동생 공부시키고 힘들게 사는 고학생입니다. 그런데 무슨 소립니까?"

"고학생 좋아하네. 향토장학금 받아가며 공부했는데 무슨 놈의 고학생?"

"예?"

"부모님이 보내주는 학비 받아서 공부 한 놈인데 아직 몰라? 언더

스탠?"

고학생이라고 믿고 있던 사람이 어떻게 그럴 수 있을까. 어쩌면 내 형편에 맞추어 그렇게 말했는지 모른다. 속이려고 한 것은 아닐 것이다. 나는 그 오빠를 믿고 있었다. 일 잘하는 사람이 갑자기 안 나온다니, 무슨 일이 생겼을 수도 있다.

"무슨 일이 생긴 건 아닐까예."

"적힌 연락처대로 연락해 보고 주변에 아는 사람이 있는지 알아보았어. 아직 연락이 안 돼. 어디로 튀었는지 알 수 있나."

"직접 만나보고 물어봐야 의심이 풀리지예. 직접 만나봤어예?"

"그런 사람이 집에 붙어있기나 하겠어. 어떤 낌새 같은 건 없었어?"

"낌새는 무슨 낌새 말입니까? 몇 번 데이트한 것밖에는 없어예."

"아무래도 경숙 씨도 수상한 구석이 있어. 블랙리스트에 오른 인간들과 자주 접촉을 한다는 제보를 접했어. 경숙 씨도 이상한데."

"뭐가 이상합니까? 나는 일하고 월급 받고 열심히 살아온 것밖에는 없습니다. 우연히 만나서 데이트하고 서점가서 책 사고 영화도 한번 못 봤어예."

"우리가 지켜보고 있으니까 조심하는 것이 이로울 거야." '놀고 있네. 내가 뭐 어떻게 했다고 난리야.'

"다음부터는 그 새끼 만나지 말라고, 알겠어?"

만나고 싶어도 만날 수 없었다. 갑자기 사라진 사람을 찾을 방법이 없다. 연락처도 모르고, 사는 동네도 모른다. 너무 모르는 것이 많았다.

무더운 여름이 지나가고 있었다. 초가을 볕은 따뜻하고 날은 화창했다. 버스에서 내려 헌책방 쪽으로 발걸음을 옮겼다. 혹여 철진 오빠가 나타나지 않을까 은근히 바랐다. 그러나 그곳에는 보이지 않았다. 낯선 사람 몇이 책을 고르고 있을 뿐이다. 비슷한 사람이 보이면 괜히 그쪽으로 눈길이 갔다. 그와 나 사이, 풀리지 않은 수수께끼처럼 찜찜한 기분은 어쩔 수 없다. 그 오빠가 어떤 사람이든 나타나든 안 나타나든 현실을 살아야 하는 나는, 세상을 새롭게 보기 시작했다. 사물의 존재 이유와 존재는 권리가 있다는 것을.

한 발 한 발

박제완

박제완 16살, 친구와 단둘이 여수를 방문하고, 여행의 매력에 빠지게 되었다. 대한민국 모든 지역을 여행하는 것을 목표로 삼고 있다. 창원-서울, 부산-강릉, 제주 올레길 425km 완주 등 다양한 국토대장정을 경험하였다. <한발 한 발>은 나의 첫 국토대장정, 창원-서울 종주를 이야기하고 있다. 완벽하지 않았기에 더욱 사랑한 여행. 그렇기에 더욱 가슴에 남은 여행.

instagram: @jewarrrrr

기회

전역을 하고 아르바이트를 하던 겨울이었다. 전역만 하면 뭐든 할 수 있을 것만 같았다. 실상 사회에 나와보니 뭐든 할 수 있긴 개뿔 입대 전과 비슷했다. 아르바이트가 끝나면 밖은 차분하고도 적적한 새벽이었다. 주황빛 가로등, 가로등 사이 가로수, 상쾌한 아침과는 다른 마음을 일렁이게 하는 진한 공기 냄새는 나를 고개 숙이게 만들었다. 불행하지도 그렇다고 행복하지도 않은데 자꾸만 고개가 수그러드는 이유가 궁금했다. 가로등을 두어 번 더 스치고야 그 이유를 알았다. '아, 재미없다' 단지 그게 결론이었다. 매일 똑같은 일상이 반복되고 새로운 일들이 생기질 않았다. 어떻게 이 생활을 재미있게 바꿀 수 있을까. 생각은 점차 깊어만 가고 답이 나오지 않자 우울해지기 시작했다. 가만히 있어도 눈물이 나올 지경이었다. 운동을 해봐도, 친구와 술을 마셔도 기분이 나아지지 않았다. 그러던 중 친구에게 전화가 걸려왔다. 그리곤 내게 다짜고짜 물었다.

"니 혹시 국토대장정 관심 있나?"

평소에도 엉뚱한 친구라 장난인가 싶었다. 이유를 물으니 "재미가 없다. 다 때리치고 어디 가고 싶다."라는 대답이 돌아왔다. 나만 이런 고민을 하고 있을 줄 알았는데 친구도 같은 고민을 하고 있었다. 보통 사람이라면 대장정이란 소리를 듣고 당황했겠지만 나는 입가에 미소가 지어졌다. 이거다. 나의 이 무료하고 우울한 일상들을 단번에 타파해줄 해결책. 나의 마음을 달래주기 위함도 있긴 하지만 미소를 지은 또 다른 이유가 있다. 숨이 차거나 힘들면 찡그리기도 하고 멍한 표정을 짓는데 종주를 하는 사람들의 표정은 힘들어도 미소로 가득한 것을 본 적이 있다. 나는 멋있어 보이는 그 미소의 이유가 궁금했다. 지금껏 누구도 같이 가지 않으려 했고 혼자 가기 두려워 시도조차 못했는데 기회가 찾아온 것 같았다. 나는 친구에게 너무 좋다고 말했다. 별로 고민도 하지 않고 몇 초 만에 답해서 그런지 친구도 당황하였다. 대화를 좀 더 나누다가 전화를 끊고 방에 누웠는데 눈이 말똥말똥해지고 심장은 두근댔다. 텅 비었던 머릿속은 여행 생각들로 꽉 차게 되었고 흑백으로 보였던 주위가 다채로운 색깔로 입혀져 보이기 시작했다.

그로부터 며칠 뒤 계획을 세우기 위해 친구와 만났다. 카페에 마주앉아 각자 정보를 모으기 시작했다. 잠은 어디서 잘 것인지, 밥은 어떻게 할 것인지 등등 너무나도 알아봐야 할 것이 많았다. 검색을 하면 할수록 머리가 지끈거렸고 잘 해낼 수 있을지 염려되었다. 그래서 노트북을 덮었다. 그냥 떠나자. 문제가 생기면 그때 가서 해결하자. 친구와 나는 여행 날짜만 정하고 헤어졌다. 그날을 기약하고 다시 일상으로 돌아와 일을 하는데 평소보다 훨씬 시간이 가지 않았다. 빨리 떨어지지 않는 해가 미웠다. 또 빨리 떠오르지 않는 해가 미웠다. 세상에서 가장 긴 2주일이 지나고 보기 싫고 미웠던 해가 반가워진 날이 되었다.

잊고 있던 정

전날 챙겼던 짐을 바리바리 싸 들고 집을 나섰다. 상쾌한 12월의 파란 공기와 넥워머에서 느껴지는 포근한 온기가 조화로웠다. 마치 여름에 에어컨을 틀고 이불 속에 들어가 있는 것처럼. 집 근처 중학교에서 친구를 만나 이번 여정의 첫 발걸음을 내디뎠다. 창원 성산구청에서 서울역까지 장장 510km의 종주가 시작됐다. 4시간 정도 걸었을 무렵 한겨울임에도 불구하고 땀이 등줄기로 흘렀다. 잠시 공원에 앉아 가방을 내려놓고 패딩 한 겹을 벗었다. 처음으로 짐을 내려놓으니 몸이 홀가분했다. 몸은 가벼워진 반면, 마음은 걸을 동안 잠시 잊고 있던 많은 고민들과 우울함이 몰려와 무거워졌다. 이 기분이 너무나도 싫어 얼마 쉬지도 못하고 발걸음을 옮겼다. 한참을 걷다 마산대학교에 도착을 했다. 잠시 쉬는 동안 신발을 벗어 발 상태를 확인했더니 여기저기 상처 나고 벌써 물집까지 잡혀 여간 아픈 게 아니었다. '괜히 새 신발을 신었나.' 괜한 신발을 탓했다. 벤치에 앉아 쉬는 것을 택했다. 하지만 너

무 오래 쉬었나? 해가 지기 시작했다. 겨울의 해는 짧다는 것을 간과
하고 있었다. 목적지는 함안까지인데, 아직 한참 남았다. 서둘러 다시
걷기 시작했다. 역시 늦었다고 생각할 때가 너무 늦은 것인가. 도착까
지 10km나 남았는데 깜깜한 밤이 되었다. 사람이 다니기 힘든 도로에
다가 가로등도 드물어 매우 위험했다. 서둘러 손전등을 꺼내어 앞을
비췄다. 차들은 누가 더 빨리 가나 내기라도 한 듯 엄청난 속도로 지나
다녔다. 설상가상, 갈림길 부분에서는 휴대폰으로 보던 지도가 말썽
이었다. 길의 표기가 정확하지 않아 어디로 가야 할지 헷갈렸다.

"야 여기 아이가."

"맞는 거 같은데." 터벅터벅.

"여 아인데 절로 가보자."

"그래?" 터벅터벅.

한 곳에서 왔다 갔다만 30분 넘게 반복했다. 차에 치일까 너무 무서
웠다. 어떻게든 이 도로만 벗어나자는 심정으로 집중하고 또 집중했
다. 결국 한산한 길이 나왔고 우리는 길바닥에 앉아 숨을 돌렸다.

"야 우리 오늘 도착할 수 있는거 맞제?"

"엎어지면 코 닿는다."

걱정이 앞서는 나와 달리 친구는 여유로워 보였다. 다리 떠는 걸 보
면 아닐 수도 있지만.

목적지인 함안군청에 도달했을 때는 다리가 후들거리고 발이 너무
아파 제대로 걷지 못할 지경이었다. 족저 근막염이 평소에 있던 나는
발바닥 안에 고춧가루를 뿌려 놓은 것처럼 아파 되도록 발 가장자리를

이용해 걸었다. 친구는 내 모습이 웃기다며 바로 카메라를 들었다. 힘든 와중에도 웃음을 잃지 않았다. 숙소는 주민들에게 양해를 구하여 마을회관에서 잠을 청하려 했지만 이 멍청한 바보들은 두 가지를 몰랐다. 하나는 군청 근처는 읍내라 마을회관을 찾기 힘들다는 것과 다른 하나는 마을회관이 있다 해도 빌려줄 것이라는 보장이 없었다. 텐트를 들고 오긴 했으나 야영을 할 마땅한 곳도 없었다. 걸을 힘도 더 이상 남아있지 않았다. 패닉에 빠진 우리는 한참을 멍하니 있었다. 그때 술이 잔뜩 취한 남자가 말을 걸었다.

"뭐 하시는 거예요?"

우리는 취객이 시비를 건다 생각하고 경계태세를 갖췄다. 우리가 경계하는 것을 알아차렸는지 웃으면서 말했다.

"아 제가 군청 직원인데, 뭔가 곤란해 보여서요. 무슨 일이신지?"

우리는 표정을 풀긴 했지만 의심은 계속했다.

"아 저희가 여행 중인데 마을회관이 안 보이네요?"

우리의 물음에 그 남자는 함박웃음을 지으며 말했다.

"아이고, 여행객이시구나. 우리 함안을 방문해주셔서 정말 고맙습니다. 젊은 사람들은 잘 안 오는데, 아이고, 너무 고맙네요. 식사는 하셨습니까? 마을회관은 여 없는데 잠은 우야실 껍니까?"

갑자기 높아진 목소리 톤과 질문 공세가 우리를 순간 멍하게 만들었다.

"아하하, 밥은 묵었고예, 잘 곳을 아직 못 정해서 우예할까 고민 중입니다."

"아이고, 그래요? 보아하니 종주하시는 거죠? 우얄꼬 잠은 자야 될 낀데, 마 함 따라와 보이소, 이것도 인연인데 제가 아는 숙소가 있는데 잡아 드리겠습니다."

그러곤 싱글벙글 웃으며 앞으로 비틀비틀 걸어갔다. 우리는 완곡히 거절하고 만류했지만 그는 아랑곳하지 않았다.

"제가 요기 군청 주무관입니다. 자 여기 신분증도 있고, 허허허."

자신의 신분을 밝히는 말을 걸으면서 수없이 반복하여 우리를 안심시켰다. 하지만 많은 모텔과 여관을 지났는데도 멈추질 않으니 의심을 안 할 수가 없었다. 친구와 나는 계속 어찌할지 눈으로 대화를 했다. 어느덧 한 모텔 앞에 도착했고 그는 데스크 창문을 활짝 열더니 "여기 최고 좋은 방 하나 주이소."라고 대차게 말한 다음 모텔 사장님께 우리를 만나고 나눴던 대화를 구구절절 읊었다. 사장님이랑 친하게 말하는 거 보니 아는 사이인 것 같았다. 우리는 키를 받았고 군청 직원이라는 사람은 우리더러 빨리 쉬라며 쿨하게 나가버렸다. 나와 친구는 혹시 몰라 모텔 사장님께 물었다.

"혹시, 아는 사람인가요?"

"몰러, 처음 보는디 저 양반 뭐하는 사람인가?"

황당했다. 나는 혹시 자고 있을 때 누가 문을 따고 들어와서 해코지를 할까 봐 사장님께 키를 다시 드리며 다른 방으로 바꿔 달라고 했다. 방으로 들어오니 의심이고 뭐고 빨리 씻고 자고 싶었다. 발은 너무 아팠고 추운 밤 너무 오래 밖에 있어서 몸이 남아나질 않았다. 얼른 씻고 잠에 들었다.

다음날 아침, 일어나서 몸에 이상이 없는지 혹여 무슨 일이 생기긴 않았는지 확인부터 했다. 아무 이상 없다는 것을 깨달았을 때 그제야 안심이 됐고 한편으론 그분께 죄송하고 부끄러웠다.

왜 고생을 사서 하냐고요? 가치 있는 고생이니까요.

첫날에 무리를 해서 그런지 다음날부터는 발이 너무나도 쓰라렸다. 모텔을 나서고부터 걷는 내내 절뚝였다. 그래서 앉아서 쉬는 시간이 잦아졌다. 합천까지 가는 길은 대부분이 논과 밭을 가로지르는 시멘트 길이었다. 잠시 길의 가장자리에 앉아 드넓게 펼쳐진 횅한 겨울 논을 바라보면 가슴이 뻥 뚫리는 느낌이 들었다. 그렇게 넓은 곳을 보면 뚫린 가슴속으로 공기가 들어오는 듯했다. 엉덩이에 묻은 잔디를 털고 다시 길을 나섰다. 지도를 보니 근처에 함안 휴게소가 있었다. 밥도 먹고 상처 난 발도 좀 확인해볼 겸 휴게소로 향했다. 양말을 벗어봤는데 물집도 많이 잡혀 있고 찢어진 곳 주변은 피가 한 방울씩 비어져 나오고 있었다. 편의점에 들러 소독하고 약을 바르는데 자동으로 입에서 쓰읍 쓰읍 소리가 나왔다. 푸드코너에서 휴게소 우동을 시켜 먹었다. 고생하고 먹는 음식은 어떤 음식들보다 맛있다. 그저 휴게소 우동일 뿐이지만 대한민국 우동 맛집 전부와 대결해 봐도 이때 먹은 우동의 맛은 못 이길 것이다. 국물 한 방울 남김없이 먹고 이름 모를 저수지로 향했다. 저수지를 지나온 바람이 마중 나와 우리를 먼저 반겼다. 일렁이는 수면, 그 물결에 부서지는 햇살이 아름다웠다. 물과 가장 가까운 곳에 걸터앉아 잠시 이 풍경을 감상했다. 감상도 잠시 어디선가 물이 튀는 데 옆에 보니 친구가 물수제비를 하고 있었다. 한 팔에 깁스도 한 놈이 잘도 던진다. 질 수 없지 나도 반듯한 돌 하나를 집어 물에 튕겨 봤다. 숨이 찰 정도로 돌을 던지고 난 후에야 그만하고 길을 나섰다.

저수지를 지나자마자 나온 길은 근처에 새로 개통된 도로 때문에 이제는 차가 거의 다니지 않는 옛길이었다. 어린 시절, 할머니 집을 갈 때 지나다니던 길이었는데 지금은 차 한 대 발견하기 힘들었다. 길옆 주유소는 오래전에 망했는지 안 부서진 데가 없었고 아스팔트 위에는 낙엽들이 널브러져 있었다. 자굴산을 둘러가는 이 꼬불꼬불한 길은 걷는 입장에서는 매력적이었다. 해가 질 무렵 우리는 잠시 버려진 버스 정류장의 낡은 의자에 앉았다. 한 트럭이 우리 앞에 멈췄다.

"어디까지 갑니까?"

트럭 창문을 내리고 한 아저씨가 말을 걸었다. 힘들어 보이는 우리가 도움이 필요해 보였다고 한다. 또 한 번의 정이었다. 목적지까지 태워 주신다고 했지만 그럴 순 없었다. 그래도 트럭 뒤에 타서 가는 것도 나름 재밌겠다고 생각했다. 목적지는 아니었지만 들를 예정이었던 삼가 시장까지 타고 갔다. 트럭 뒤에 앉아 가는데 영화 속 주인공이 꿈을 찾아 떠나는 한 장면 같았다. 시장에서 먹을 것을 이것저것 사고 목적지인 할머니 집으로 향했다. 1시간만 더 걸으면 되는 상황이었는데 불행히도 비가 내리기 시작했다. 비를 맞으며 겨우겨우 할머니 집에 도착했다.

"왔나? 우리 강생이~, 근데 와 비를 맞고 다니노."

할머니가 웃으면서 우리를 반겼다. 할머니 집은 낯선 곳보다 훨씬 편안했다. 또 집안의 메주 냄새가 반가웠다. 우리의 짐 중에서 텐트, 침낭, 반합, 코펠 등 야영에 필요한 짐들이 있었다. 너무 무겁기도 하고 밖에서 잘 일이 없을 것 같아 여기에 두기로 했다. 짐을 줄이니 웃음꽃이 폈다. 옷을 갈아입기 전에 할아버지 산소로 향했다. 어두컴컴한 길을 지나 산소에 도착해 절을 하며 사고 없이 완주시켜달라고 부탁했다. 산소 앞에 오래된 폐교 앞을 지나다 친구와 담력훈련이라며 폐교안에 들어갔다. 누구 한 명이 무서워야 재밌는데 둘 다 별로 안 무서워서 시시했다. 장난도 잠시 비가 내렸다. 감기라도 걸릴까 얼른 집에 들어가 씻고 드러누웠다.

전날 걱정이 무색하게 몸살에 걸렸다. 몸이 으슬으슬하고 열이 났다. 입맛도 없어 밥도 몇 숟가락 못 먹었다. 나가기 너무 싫고 힘들었지만 할머니가 걱정할까 봐 티를 내지 않고 얼른 나갈 준비를 했다. 비는 계속 내리고 있는 와중에 열은 더 심해지는 것 같아 큰일이었다. 읍내로 가 병원에 들러 주사를 맞고 약을 처방받았다. 해열제 덕분에 열이 내려 걸을만해졌다.

오전 9시, 비가 그치고 햇살이 드러났다. 합천의 길은 아련하고 따뜻했다. 노랗게 물든 풀밭 사이로 쭉 뻗은 길을 우리는 걸었다. 하늬바람이 불어왔고, 풀을 쓸어 산들거리는 소리를 냈다. 전원적인 풍경에 빠져드는 것도 잠시 합천대로로 접어들고부터 길이 험했다. 비까지 내리기 시작했다. 우산이 소용없을 정도로 빗줄기는 굵어지고 바람은 거세졌다. 지도가 가리키는 도로는 화물차들이 많아 사람이 다니기엔 무리였다. 우리는 합천대로를 빠져나갈 길을 찾았다. 맨몸으로 터널을 두 번 지나니 도로 옆 낭떠러지가 나타났다. 그 낭떠러지 아래에는 안전한 시멘트 길이 보였다. 친구와 나는 차에 치여 죽을 수 없으니 낭떠러지 밑으로 내려가 보자고 했다. 챙겨 둔 로프를 가방에서 꺼내 나무에 연결하고 한 명씩 낭떠러지 밑으로 내려갔다. 이렇게까지 해야 하나 싶었지만 다시 대로로 걷고 싶진 않았다. 다행히도 로프를 잡던 손만 조금 까지고 안전하게 내려왔다.

전쟁터 같은 대로에서 걷다 조용한 시골길로 옮기니 마음도 점점 안정되었다. 빙빙 둘러가는 길이라 한참을 걷고 또 걸었다. 어두컴컴한 밤, 비가 그칠 때쯤 우리는 목적한 찜질방에 도착했다. 약기운이 떨어져 열이 다시 올라왔다. 지칠 대로 지친 몸을 열탕에 담그는데 저절로 눈이 감겼다. 오늘은 이것을 위해 걸었구나. 그곳에 쭉 있고 싶었다. 포기하고 싶은 마음이 목 끝까지 차올랐다 한순간에 녹아내렸다. 눈을 감은 채로 지나온 하루를 생각해봤다. 비는 비대로 맞고 바람은 바람대로 맞았다. 감기 몸살과 발은 내게 포기하라고 소리쳤다. 낭떠러지에서는 죽을 뻔도 했다. 그럼에도 나는 지금 웃고 있다. 비바람을 맞는 것이 즐거웠고, 아픈 것마저 잊게 만든 풍경이 있었고, 낭떠러지를 로프 하나로 내려왔다는 위험하고도 멋진 추억이 생겼기에.

보이지 않는 길

겨울마다 아버지와 일주일에 한 번씩 목욕탕을 간다. 목욕탕에서 아버지께 물었다.

"아빠, 아빤 안 지겹나? 맨날 똑같이 출근하고 똑같은 일하면 질릴 거 같은데."

"자슥아, 재미없고 질리면 일 못 하지. 재밌으니까 하는 거지."

아버지는 아무것도 아닌 듯 대답했다.

오전 10시, 성주에서 김천으로 가는 길이었다. 날씨는 눈이 부실 정도로 화창했고 가는 길마다 나무가 많아 은은한 향들이 가득했다. 인적이 드문 산길을 지나 정리된 길로 나오니 여러 밭들이 펼쳐졌다. 그 밭에서 일을 하는 사람도 여럿 있었다. 길을 따라 쭉 가보니 우리는 연명마을을 발견할 수 있었다. 그 마을의 경로당을 지나는데 입구 앞에 앉아 계시던 10명의 할아버지들이 우리를 멈춰 세웠다. "여, 일로와 봐요. 군대는 어디 나왔어?"

우리가 착용하고 있는 군대용품들과 가방 옆 작은 태극기를 꽂고 있는 모습을 보고 여행객인 것을 알아내신 듯했다. 우리를 멈춰 세운 할아버지를 비롯해 앉아 있던 모든 할아버지가 우리를 흥미롭게 보았다. 우리는 흔쾌히 발길을 멈추고 이야기꾼이 되기로 했다.

"군대는 00부대 나왔고요. 지금 저희가 종주 중인데…"

한참을 얘기하다 배에서 꼬르륵 소리가 날 때쯤 길을 다시 나섰다.

"꼭 완주하쇼잉, 충성!"

장난을 치며 깔깔 웃는 할아버지들 덕분에 흐뭇한 미소가 지어졌다. 마을을 벗어나 아스팔트로 포장된 길에 접어들었다. 어색하게 그 길 옆에는 시원한 계곡이 흐르고 있었다. 이 계곡은 그냥 자연 그대로 놔둔 모양새였다. 바위들도 인위적으로 깎아 만든 모양이 아니었고, 공사한 계곡과는 확연히 차이나는 물줄기가 눈길을 끌었다. 이런 아름다운 계곡을 봤는데 손 한 번 담그지 않는다면 그것은 예의가 아니라고 생각했다. 바로 가드레일을 넘어 내려가서 물에 손을 살포시 담가 보았다. 짜릿한 시원함이 손에서부터 머리까지 올라왔다. 얼음장 같은 물에 세수를 하며 흘린 땀을 씻어 보냈다. 그러곤 바닥에 퍼질러 앉아 친구와 노래를 흥얼거렸다. 옛 신선들이 노니는 모습을 연상케 했다. 친구와 무슨 얘기를 해도 웃음꽃이 피었고 노래 한 곡에 행복이 무엇인지 알게 되었다. 이곳에 계속 있고 싶지만 갈 길이 멀기에 그만 자리에서 일어났다.

오후 3시가 훌쩍 넘은 시간, 점심도 못 먹어 배가 너무나도 고팠는데 길 중간, 마치 우리의 심정을 알고 있는 듯이 신기하게 식당 한 곳이 나왔다. 무엇이든 다 먹어치우겠다는 생각으로 식당에 들어갔다. 식당 인테리어가 아기자기하고 소박한 느낌이 들었다. 이제껏 시골에서 들렀던 구수한 느낌의 식당들과 분위기가 달랐고 메뉴 또한 식당의 메뉴가 서너 가지로 단출했다. 인상 좋은 젊은 부부가 식당을 운영했다. 그 부부는 이런 조용한 곳에서 조그마한 식당을 운영하는 것이 바람이었다고 말하였다. 훈훈한 인상만으로도 충분히 인상 깊었지만 그

들이 바람대로 살고 있다는 것이 더욱 마음에 와닿았다. 지금껏 꿈 하
나 없이 살고 있던 나는 그분들을 존경하지 않을 수가 없었다. 음식이
나왔지만 배가 무척이나 고픈 상태임에도 불구하고 한참을 음식과 식
당을 번갈아 가며 쳐다봤다. 화이트 우드 인테리어, 나무로 만들어진
반듯한 메뉴판, 정갈한 음식, 서로 농담하며 웃는 부부, 뚝배기 안에서
부글부글 소리를 내는 순두부찌개. 음식의 맛도 맛이지만 참 분위기가
맛있었다. 좋은 분위기지만 나는 마냥 좋아할 순 없었다. 밥을 다 먹고
식당을 나와 다시 걷기 시작했다. 걷는 동안 나는 미래에 대해 깊은 생
각에 잠겼다.

배움의 즐거움

여행을 하면서 배운 것이 많다. 예를 들어 주유소는 도시를 벗어나
거나 도시 속에 들어올 때 가장 먼저 보인다는 것. '아 우리가 이 도시
를 떠나는 구나.'와 '목적지가 얼마 남지 않았구나.'를 주유소를 보고
추측할 수 있게 되었다. 특히 우리가 대전으로 향할 때는 유독 얻은 게
많았다.

대전으로 향하기 전 옥천에서 하루를 보냈었다. 뜨뜻한 여관 덕분
에 푹 잘 수 있었고 컨디션 또한 최고였다. 점점 여행에 몸이 적응하고

있어 걷기에 무리가 없었다. 출발을 하고 얼마 지나지 않아 지도를 봤다. 지도는 사람이 다니기 힘든 국도인 옥천로로 안내를 하였다. 좀 많이 돌아야 하지만 자체적으로 안전한 경로로 바꿨다. 차는 물론 사람한 명 안 보이는 시골길은 너무나 평화로웠다. 논 위로 지나다니는 까치들의 울음소리가 조화를 이뤘다. 잠시 길가에 드러누워 새파란 하늘에 몸을 담갔다. 난 그대로 눈을 감았다. 바람이 부는 방향으로 얼굴을 돌렸다. 그 상태로 5분 정도 있다가 눈을 떴다. 나의 옆에는 친구가 퍼질러 앉아 전방을 멍하니 응시하고 있었다. 평화로웠다.

지도가 안내하는 대로 계속 걸었다. 걷다 보니 막다른 길이 나왔다. 누군가 가시덩굴로 길을 막아 놓은 상태라 전진하기 어려웠다. 그렇다고 발길을 돌린다면 하루를 버리게 될 것이었다. 주위에는 다른 길조차 없었다. 결단을 내려야 하는 상황이 온 것이다. 지도는 눈치 없이 가시덩굴 울타리만 가리키고 있었다. 우리는 그냥 가시덩굴을 자르고 넘어가기로 했다. 조그마한 포켓나이프를 꺼내 덩굴 몇 줄기를 자르고 몸으로 밀어붙였다. 울타리를 통과하니 좁은 산길이 나왔다. 지도는 그 산길을 가리키고 있었던 모양이다. 산길을 따라 올라가는데 느낌이 이상했다. 점점 길이 없어지는 것이었다. 산 중턱에 다다라서는 길이 아예 없어졌다. 문제는 그뿐만이 아니었다. 앞으로 나아가야 할 곳을 쳐다봤는데 경사가 60도 이상은 돼 보였다. 돌을 떨어뜨리면 끝없이 밑으로 굴러갈 정도였다. 지나왔던 길을 되돌아보니 흔적도 없이 길이 사라져 버렸다. 이러지도 저러지도 못하는 상황이었기에 그냥 빨리 넘어가 버리자 결심했다. 사람이 아예 다니지 않는 길이라 바닥에 낙

엽이 수북했고 며칠간 비가 온 탓에 엄청 미끄러웠다. 두 발로 걷기 힘들 정도로 가팔라 네 발로 기어 올라가기 시작했다. 발은 땅에 박고 손은 바위와 나무뿌리를 잡으며 천천히 조심스럽게 올라갔다. 체력 소모가 너무 커서 중간중간 나무에 등을 기대 쉬며 거친 숨을 내쉬었다. 과연 집에 돌아갈 수 있을지 의문이 들기 시작했다. 나보단 한 팔에 깁스를 한 친구가 더 걱정이었다. 한 팔로 꾸역꾸역 올라오는 모습이 안쓰러웠다. 어쩌면 지난번 낭떠러지를 내려갈 때 보다 더 위험했던 것 같다. 발이 미끄러져 주르륵 내려갈 때마다 등골이 오싹했다. 산을 2시간 가까이 올라 정상에 가까워질 때쯤 등산로가 나왔고 있는 힘 다 끄집어내서 등산로에 도달했다. 허벅지엔 힘이 풀렸고 손가락은 덜덜 떨렸다. 남은 물 탈탈 털어 마시며 올라온 곳을 째려봤다. 기운을 차리고 조금만 더 올라가 봉우리에 도착했다. 식장산 국사봉. 이 봉우리는 지우려 해도 지워지지 않을 추억의 장소가 되었다.

첫 번째는 길이 없으면 만들면 된다는 것, 두 번째는 힘들게 올라온 산일 수록 그 경치는 더욱 아름답다는 것, 산이 주었던 가르침이었다. 경치를 즐길 새도 없이 해가 지기 시작해 내려가야 했다. 내려가는 길도 지도가 사람이 다니지 않는 길을 가리켰다. 진절머리가 났지만 조금만 더 가면 포장도로가 나오기에 꾹 참고 가기로 하였다. 다행히 내리막은 정말 짧았고 초입을 지나니 대전 시내가 보였다. 땀도 내복이 다 젖을 정도로 흘렸고 허기가 너무 져서 길가에 있는 만둣집에 들러 만두를 허겁지겁 먹었다. 며칠을 굶은 거지처럼 먹는 우리는 서로 눈이 마주쳤고 그 모습이 너무 웃겨 실성을 한 듯 웃었다.

"별거 없네."

"맨날 해내는 것도 지겹다. 이젠."

대전의 날씨는 너무 추웠다. 장갑을 안 끼면 손이 얼어 아팠고 비니를 쓰지 않으면 귀가 시려 아팠다. 점점 서울과 가까워지고 있다는 뜻이니 점점 추워지는 날씨가 마냥 싫지만은 않았다. 대전시청에서 멀리 떨어지지 않은 거리에서 새해맞이 행사를 준비 중이었다. 정신없이 걷다 보니 내일 새해가 되는 줄도 몰랐다. 행사를 보고 싶었지만 씻는 게 우선이라 곧장 찜질방으로 향했다. 딱딱한 찜질방 바닥에 이불 하나만 깔고 누웠다.

"한 해를 이렇게 보내네."

"종 치는 거 보고 잘래?"

"크어엉."

누운 지 얼마 되지도 않아 친구는 대화하는 중간에 잠에 들었다. 이날은 내 인생에서 가장 잊지 못할 12월 31일이었다.

안부

어둑어둑한 밤, 가로등도 없어 손전등 하나에 의지한 채 앞을 걸어갈 때 나는 앞을 보지 않고 위를 봤다. 하늘엔 수많은 별들이 흩뿌려져 가는 길을 심심치 않게 해 주었다. 시골길을 걷다 보면 간간이 정자 하나가 세워져 있다. 손전등도 끈 채 정자에 앉아 하늘을 보면 보석같이 빛나는 별에 매료될 수밖에 없었다. 또 하늘을 집중해 걷다가 앞을 보면 희미하게 보이는 도시의 불빛들이 별처럼 보였다. 도시는 무슨 일이 벌어질지 몰라 불안한 나의 마음을 안심시켜줬다. 도시에 있으면 풀밭이 그립고, 시골에 있으면 불빛이 그리웠다.

대전에서 하룻밤을 보낸 우리는 세종으로 향했다. 내가 근무했던 군부대가 조치원에 있었고 외진으로 대전 국군병원도 몇 번 가봤기에 대전 유성구에서 세종 조치원까지 가는 길은 내게 너무 익숙했다. 오전 11시, 1번 국도인 세종로를 걷고 있을 때는 부대 amb 차량과 마주쳤다. 운전병이 깜짝 놀란 눈치였다. 그리고 목격담은 순식간에 퍼졌다. 후임들의 전화가 오기 시작했다.

"형 어디야?"

"종주 중인데 지금 세종 들어왔다."

"우리 보러 와야지?"

그렇게 위병소에서 만나기로 하였고 오랜만에 만날 생각에 마음이 들떴다.

길은 어느새 한누리 대교를 지나고 있었다. 대교의 널찍한 주탑은 풍채 하나로 나를 압도하였다. 다리를 지나자마자 보이는 건축물들은 '여기가 도시요.'라 말하는 것 같았다. '세련된 도시'란 말이 잘 어울렸다. 하지만 그것도 잠시 정부청사가 있는 곳을 지나니 순식간에 시골로 변했다. 해가 저물고 깜깜한 밤이 되고서야 부대 앞에 당도했다. 위병소 경계근무자들이 보였다. 사회에 잠깐 몸을 담갔다고 안에서는 작고 초라해 보인 애들이 훤칠하고 늠름하게 보였다. 우리가 점차 가까워지자 수하를 실시했다.

"정지, 정지, 손들어 움직이면 쏜다."

오랜만에 받아보는 수하에 왠지 모를 뭉클함이 느껴졌다.

"오랜만이다?"

"수하에 제대로 응해주십시오."

"허..."

신원확인 불을 켜고 그제야 나를 환하게 웃으며 반겨주었다. 형이 여기 왜 있냐, 올 때 치킨은 안 사 왔냐? 등 말하며 장난치는 애들이 '내가 군 생활을 못하진 않았구나.'라고 느끼게 해 주었다. 여행 중에 무슨 일이 있었는지, 낮에 어디를 걸었는지를 말해주며 잠깐의 대화를 나누고 근무를 방해할 순 없어 금방 돌아섰다.

"형, 나 전역하면 꼭 보자~"

더는 볼일 없을 것처럼 휙 돌아가다 막내의 한 마디에 다시 부대를 바라보고 미소를 지었다. 잘 곳은 외출, 외박이면 자주 갔던 역 근처 찜질방으로 정했다. 왠지 고향에 온 것 같아 마음이 차분해졌다.

다음날, 안개 자욱한 아침이 비장한 분위기를 만들어주었다. 천안은 서울로 가는 충청도의 마지막 도시였다. 앞으로 한 걸음씩 걸을 때마다 내가 뭐라도 되는 사람처럼 자신감이 샘솟았다. 세종에서 운주산 하나만 넘으니 곧바로 천안이었다. 직진만 해도 문제없어 지도도 몇 번 보지 않았다. 여행 베테랑이 된 기분이었다. 천안 초입에서 호두과자를 사던 중 지인 한 명이 생각나 연락해보았다.

"잘 지내나?"

"어쩐 일이야?"

"내 천안에 왔는데 얼굴 함 봐야 되지 않긋나?"

"그래? 일로 올래?"

일사천리로 만남을 약속하고 약속 장소인 상명대학교로 향했다. 여행을 시작한 지 11일, 하루 24시간, 매일 붙어있으니 더 이상 친구와 나눌 얘기도 없었다. 주변에 사람도 없겠다, 둘이서 하루 종일 노래만 부르며 걸었다. 한 소절씩 주고받으며 서로의 상태를 확인했다.

"다음 니다."

"… … …"

"왜 어데 아프나?"

"가사를 모르겠다."

"됐다. 그냥 가자."

해도 떨어지고 부를 노래도 떨어졌다. 침묵을 유지한 채 걷다 오후 7시 천안삼거리에 도착했다. 조선시대에 전라도와 경상도민들이 한양에 가기 위해 거쳐야 했던 길로 우리에겐 뜻깊은 곳이었다. 잠시 천안삼거리 팻말 앞에 앉아 숨을 골랐다.

휴대폰 배터리가 나가서 지도를 볼 수 없게 되자 천안대로에 놓인 이정표들을 보고 움직였다. 다행히 대학교다 보니 이정표들이 길안내는 깔끔하게 잘해주었다. 2시간 가까이 걷다 저 멀리 그리운 불빛들이 보였다. 불빛 속으로 들어가 우리는 제일 먼저 밥집부터 찾았다. 대학가에다가 오후 9시가 넘는 시간이라 술집은 열려 있는 곳이 많은데 밥

집은 전부 문을 닫은 상태였다. 겨우겨우 햄버거집을 찾아 들어갔다. 휴대폰부터 충전시켜 만나기로 약속한 형에게 연락했다.

"내 여기 상명대다."

"금방 간다."

밥을 다 먹을 시간에 맞춰 형이 걸어왔다. 웨이크보드 강습을 하던 형은 더욱 까무잡잡해서 나타났다.

"이야, 오랜만이디. 살 마이 탔네."

"그러게 2년 만인가? 원래 까매서 티 안 날 건데."

만나자마자 웃으며 농담을 주고받았다. 친구는 초면이라 낯을 가렸다. 신세도 지고 친해질 겸 초대받은 자취방에 맥주 한 캔씩 사서 갔다.

"어떻게 이런 식으로 만나냐?"

형이 신기한 듯 계속 나를 쳐다봤다.

"으제는 군대 애들 보러 갔고, 오늘은 형 보러 왔다이가."

오랜만에 만나 한참을 얘기하다 지쳐 잠들었다.

만나기 힘들었던 사람과 눈을 마주치는 것. 그리고 마주 보며 서로의 얘기를 하는 것이 여행이 주는 또 다른 선물이었다.

국토대장정

수도권에 들어와서 가장 마음에 들었던 건 다름 아닌 교외다. 어느 도시든지 번화가는 길이 잘 닦여 있는 반면에, 교외지역은 그렇지 않았다. 하지만 평택부터는 다른 도시로 넘어갈 때 인도로 걸어갈 수 있었다. 도로만 좋았던 것이 아니다. 공공화장실은 클래식 음악과 히터를 틀어주었다. 찬바람 쌩쌩 맞아가며 쉬기 싫어 화장실을 찾아 들어가기도 했다. 또 사람이 잘 다니지 않는 길가에도 편의점이 많아 당이 떨어지는 것을 걱정하지 않아도 됐었다.

여행 13일 차, 평택과 오산, 화성을 지나 수원에 도착했다. 도시들이 붙어있으니 여기가 오산인지, 화성인지 구별이 힘들었다. 맨홀 뚜껑에 적혀 있는 글자로 우리의 위치를 알 수 있었다. 글자가 수원으로 바뀌고 한참 뒤인 오후 8시, 수원시청에 도착했다. 친구와 시청이 잘 보이게 사진 한 장 찍고 근방에서 밥을 먹기로 했다. 시청이 위치한 인계동은 사람들이 북적북적했다. 며칠째 같은 옷, 땀에 젖은 머리카락, 물집이 터져 딱지가 생기기 시작한 입술. 꾀죄죄한 차림새가 사람들 시선을 끌었다. 무슨 죄를 저지른 것 마냥 부리나케 식당으로 도망갔다. 나와 친구의 몸에서 불쾌한 냄새가 나는 것 같아 식당에서도 눈치보기 바빴다. 얼굴이 얼어서인지 아니면 쪽팔려서인지 얼굴이 화끈해졌다. 얼른 먹고 나와 곧장 찜질방으로 향했다. 비누칠을 세 번까지 하면서 오늘의 치욕을 씻었다.

찜질방 내부가 추워서 새벽 4시 반에 일어났다. 친구가 곤히 자고 있어 내 이불을 한 겹 더 덮어주고 따뜻한 탈의실로 갔다. 그곳마저 몇몇의 사람들이 자고 있었다. 혹여 잠에 방해가 될 것 같아 창 밖을 볼 수 있는 흡연실에 들어가 앉았다. 사람도 들어오지 않고 나름 따뜻했다.

7시가 되고 친구를 깨워 출발했다. 수원, 용인을 지나 성남시에 들어왔다. 서울을 가기 전 마지막 지역이었다. 엎어지면 코 닿는다는 말이 농담처럼 들리지 않았다. 대왕판교로의 이정표에 적혀 있는 서울이라는 두 글자가 날 미치게 만들었다. 이쯤 되니 걷는 게 힘들지도 않았다. 되려 더 걸어서 빨리 서울을 가고 싶었다. 판교를 벗어나고 서울공항 앞을 지나던 중 배가 고파 편의점을 들어갔다. 먹을 것을 사 와 가게 밖 테이블에 앉아 잠시 쉴 때 누군가 우리에게 말을 걸었다.

"어디서 오셨어요?"

"창원에서 왔습니다."

"걸어... 오셨어요?"

"네, 하하."

"이야, 나도 젊었을 적에 그런 거 해보는 게 소원이었는데. 멋지네요."

경상도를 벗어나고 우리에게 관심을 가지며 말을 걸어준 사람이 처음이라 어색하면서도 고마웠다. 아저씨는 음료수까지 주며 우리를 응원해주었다. 응원에 힘을 얻어 쉬는 것을 멈추고 힘차게 걸었다. 10분이 지났을까, 거친 바람에도 꼿꼿이 서있는 초록색 서울특별시 표지판이 보였다. 친구와 나는 꿈인가 싶어 표지판이 있는 곳으로 뛰어갔다.

그리고 점점 선명해지는 글자가 뜀걸음을 서서히 멈추게 만들었다.

"다... 왔다."

내가 한 마디 하자 친구는 환호를 질렀다. 기쁜 나머지 사람들이 지나가던 말던 개의치 않고 나도 동참했다.

"이야아아아아아아아아아"

목청 찢어지게 함성을 내지르고 부모님, 친척, 친구에게 전화를 돌렸다. 기뻐서 방방 뛰는 우리와는 달리 반응들이 무덤덤했다. 뭐 아무렴 어떤가. 우리는 서울에 도착했다.

최종 목적지인 서울역까지는 거리가 멀었기에 잠실에서 하룻밤 묵기로 했다. 잠실까지 금방 올 줄 알았는데 석촌호수에 도착하니 깜깜한 밤이 되었다. 여행 마지막 밤이니 앞에 있는 롯데타워에서 야경을 보기로 했다. 타워 안에는 전날 수원 인계동보다 사람들이 훨씬 많았다. 친구가 그때와 같이 눈치를 봤다.

"야 임마, 마지막 밤이다. 어깨 피라."

"뭐, 나 눈치 같은 거 안 본다."

"좀 봐라. 새꺄."

전망대에 도착하고 수많은 창문들 가운데 우리가 걸어온 길이 잘 보이는 곳을 골랐다. 그곳을 친구와 한참을 멍하니 봤다. 친구가 보다 지쳐 의자에 앉았고 나는 그 자리에 계속 서있었다. 고층건물에서 안경을 벗고 도시의 불빛들을 보면 흐린 시야 덕분에 불빛들이 일순간에 불꽃놀이처럼 보인다. 나는 안경을 벗고 자체적으로 나만의 축제를 만들었다. 서울과 내 눈이 만들어낸 화려한 폭죽들이 여행 중에 쌓은 모든 피로를 풀어주었다.

매일 오전 6시에 칼같이 준비하다 늦잠 한번 자려고 했는데 몸이 습관이 되었는지 6시 근처에서 눈을 떴다. 모텔 침대에서 뒹굴뒹굴하다 여유롭게 1시에 출발했다. 비가 찔끔찔끔 약 오르게 내렸다. 우산을 쓰기도 애매해 그냥 맞았다. 비 따위가 우리를 막을 순 없었다. 잠실 한강공원에서부터 강을 따라 걷다 동호대교를 통해 강을 건넜다. 옥수역과 충무로역 사이는 건물이 복잡하게 엉켜 있어 미로 같았고, 미로를 빠져나오니 저 멀리 남산타워와 장충체육관이 보였다. 서울에 왔다는 것이 실감이 났다.

오후 5시, 명동은 어지러웠다. 외국인 관광객들이 인산인해를 이뤘고 우리는 그들의 어깨를 피하기에 급급했다. 사람들의 우산에 시야가 가려져 앞을 제대로 볼 수 없었다. 우산 숲을 겨우겨우 빠져나와 횡단보도 신호를 기다리는데 친구가 입을 막고 깁스를 한 야윈 팔을 앞으로 뻗었다.

"뭐하노, 히치하이킹 하나."

"앞에."

"응? 뭐... 어흡."

100m 앞에 서울역이 있었다. 믿기지가 않았다.

"끝났다."

"집 가자."

서울역까지 빠르게 걸어갔다. 창원에서 챙겨 온 큰 태극기 한 장을 꺼내어 친구와 기념사진을 끝으로 총 20개의 지역[1], 500km 종주이자 여행을 마무리했다.

Ktx를 타고 집까지 내려가는 중에 지나온 길이 가끔씩 보였다. 저 길에서는 무슨 얘기를 나눴고 저 길에서는 무슨 일이 있었는지 생생히 떠올랐다. 여행을 마친 지 몇 시간 되지 않았지만 벌써 그리웠다. 또 이 추억의 페이지를 더 늘릴 수 없다는 아쉬움이 컸다. 그 순간 들려온 친구의 코 고는 소리가 뭉클한 감정을 깨고 날 웃게 만들었다.

추억

이번 여행은 나의 특별한 경험이었다. 힘들지 않았느냐고 묻는다면 두말할 것 없이 힘들었지만 그 힘든 것들을 감싸 줄 무언가가 있기에 값진 추억이 되었다고 말할 것이다. 지치고 힘들 때 이 추억을 한번 꺼내어 힘을 얻고는 한다.

예전에 봤던 종주자의 웃음의 의미를 알 것 같다. 여행을 통해 일상에서 벗어나 아름다움을 온몸으로 받아들이는데 어찌 웃음이 안 날 수가 있겠는가. 현실에 메이지 않는 이상적 세계, 즉 낭만에 발을 디뎠다는 것인데. 나는 종종 그때의 향수에 젖는다. 풍경, 냄새, 웃음이 그리

---

1 창원, 마산, 함안, 의령, 합천, 고령, 성주, 김천, 영동, 옥천, 대전, 세종, 천안, 평택, 오산, 화성, 수원, 용인, 성남, 서울

워진다.

추억은 사람마다 다르지만 모든 추억은 소중하다. 누군가는 추억을 만들기 위해 살아가고 누군가는 추억을 떠올리며 살아간다. 추억은 삶의 원동력이자 추진력이다. 우리는 아직 젊고 청춘이니 미래의 나를 위해, 앞으로 나아가기 위해 청춘을 바쳐 추억 한번 만들어 보는 것이 어떤가.

나는 이 여행을 기점으로 대장정의 매력에 푹 빠졌다. 계속해서 종주를 기획하고 도전하고 있다. 만일 당신이 대장정을 고민하고 있다면 주저하지 마라. 여행을 시작하는 순간부터 추억이 될 테니.

꽃에 얽힌 이야기

허종주

허종주 꽃을 좋아하는 작가가 되어 저의 경험을 적었습니다.

이제 막 싹이 움트는 시기에 있는 저는 당신들의 이야기가 궁금합니다.

포장을 최대한 뺀 글을 적고 싶었지만 만약 꾸밈이 느껴져 어색하다면
양해를 구합니다.

이 글을 적을 때 도와준 나, 가족들, 친구들, 또 모든 인연에게 감사를 드
립니다.

제 짤막한 글이 조금이라도 위로가 되기를 바랍니다.

해바라기-일편단심, 당신만을 바라볼게요.

Y를 다시 만난 것은 사 년 하고도 육 개월 만이었다. 그녀는 만나자 마자 내 안부를 살폈다.

"잘 지냈어?"

Y의 시선이 바쁘게 이리저리 움직였다. 햇빛을 받아 빛나는 갈색 눈 동자. 커다란 눈 속에 내가 한가득 담겨 있었다. 머리카락이 바람을 따라 선선하고 느리게 나부꼈다. 신기루라도 본 듯, 서로를 뜯어보던 것도 잠시였다. 흔들리던 눈가에 샛노란 웃음이 나타나 곱게 접혔다. 반가움이 여실히 드러났다.

"하고 싶었던 말이 많았어."

그게, 내 상황이 좀 많이 바뀌었거든... 멋쩍게 웃으며 말끝을 흐리던 그녀가 내 어깨를 어루만졌다. 아무튼 사 년 만이네. 많이 보고 싶었어.

꿈을 꾸었다. 순간이지만 예언이 될 꿈.

"오늘을 기다렸어. 너와 이렇게 만나게 되는 날이 왔네."

나는 Y에게 꽃을 한 아름 품에 안겨준다. 스포트라이트를 받으며 그녀는 무대 위의 발랄한 주인공이, 어떨 때는 상황을 뒤바꾸는 악역이 되기도 한다. 그래. 사람들을 매료시킨다. 감히 생각하지만 내 소원이 이루어진 순간이다.

꿈을 향해가는 Y를 재회한 것은 17살의 졸업식 이후. 아직 여물지 않은 열매가 요동치고 있을 때 서로의 시간을 기약하고 헤어진 후이다. 마음 한켠의 쉴 공간에서 서로의 시간과 웃음을 쌓은 뒤. 질투에 휩쌓여 Y의 그대로를 보지 못한 머저리들은 모두 소식이 들려오지 않는다. 편안한 속삭임이 선율이 되어 귀에 들어온다. 반가움은 옛 추억을 불러워 즐겁게 길을 밟는다. Y의 빛으로 밝혀진 길은 우리에게 여러 풍경을 보여 준다. 모두 기억하냐는 듯이 맑은 눈빛이 비춰진다.

나는 조용히 고개를 떨궜다. 잊을 리가. 그녀의 손이 머리칼을 스치고 지나갔다. 부드러운 잔향이 따라붙었다. 봄 냄새였다.

"Y는 돈 받고 남자들이랑 잔다던데?"

"얼굴 믿고 나대더라. 자기가 연예인인 줄 아나봐."

여러 지저분한 소리가 내 귓속을 더럽혔다. 먹구름이 드리워져 비가 내릴 것만 같았다. 사춘기, 자신의 봄을 생각하는 시기. Y도 아슬히 그런 시기를 보내고 있었다. 그런 모습도 내 눈에 담겨 Y는 나의 마음속에 집이 되었다. 하지만 다른 사람은 그조차도 안 보이고 그저 겉만 보였는지... 엘리자베스 베넷처럼(오만과 편견) 전해진 틀을 탈피하고 자 꿈틀거리던 나에게 그런 시선은 눈살을 찌푸리게 만들었다. 그러자 들려온 목소리가 있다.

"고마워"

목소리가 메아리처럼 되돌아왔다. 그래. 네 웃음은 예나 지금이나 샛노란 색이었다. 찰나였어도 오렌지빛 태양에 가려지지 않는 빛이 보였다. 더럽혀지지 않은 순수함, 짧은 그림자가 나에게 손을 건네어 자신의 이야기를 들려주었다."

"나를 편견에 가리지 않아 줘서 고마워."

"지금의 나와 함께해주어서 고마워."

"나의 그대로를 봐주어서 고마워."

그림자는 간절했다. 그림자를 보게 된 이후, 그림자의 말을 듣게 된 후로 Y와 나는 함께했다. 장난꾸러기 학생도 되었고, 진지한 미래를 생각하는 모험가도 되었다. 또 대장이 되어 서로의 마음속에 집을 지었다. 견고하고도 밝은 색감의 집은 모닥불을 피워내 우리의 손을 따뜻하게 녹였다. 서로는 또 손을 잡았다.

빛을 잃지 말아. 또 어떠한 것이든 너를 막아선다면 기억해. 너만을 응원하는 내가 있어.

PS.Y에게

너는 이 글을 알아볼거야. 나의 소원인 너의 찬란한 빛을 바랄게.

딸기꽃-우정, 존중

　나의 길 따위 보지 못하고 캄캄한 어둠이 전부라고 믿던 때. 그때 새 빨갛게 얼굴을 붉히는 딸기가 보였다.

　'너는 무엇이 설레어 얼굴을 붉히고 있냐고, 이 세상의 스러지는 것들의 목적이 무엇이냐고.'

　나는 묻고 싶었다. 하지만 물 먹은 솜이 된 것 마냥 아무것도 할 수 없었던 나는 그저 아무 질문도 입 안에 머금은 채 누워만 있었다. 가슴이 간질거리는 느낌이 든다는 감각마저 잊어 별을 찾아 헤매었다. 물 속에 잠겨 소리가 먹먹하게 들렸다. 누군가 내 이름을 부르는 것 같았지만 왜 부르는지 알 수 없었다. 들리지 않았으니까.

　가족들은 내 걱정을 했을 테지. 그들은 상냥하니까. 하루에 7시간씩 쉬지 않고 뛰어다니던 아이가, 과거의 사람들과 이야기하던 그 아이가 보이지 않으니 말이다. 그 아이는 방향을 잃어 아픔 속을 부유하고 있으니 가족들에게는 물 속에 잠겨 한참을 나오지 않는 것처럼 보였을 것이다. 내가 익사할 것만 같았을테다. 나는 계속 목에 감기는 질문을 속으로 하고 있었는데.

　'너'에서 '당신'으로 변하는 것은 또한 한순간의 일이었다.

　'당신은 왜 창백한 얼굴을 붉히나요. 당신도 알고 있지 않나요. 사람들은 금세 당신의 달콤함만을 취해 당신을 잊고 말 텐데. 이 세상의 스

러지는 것으로 태어나 계속해 분홍빛 인생을 꿈꾸는 이유가 도대체 무
엇인가요.'

가족들이 마침 사 온 딸기에 수줍게 얼굴을 내민 딸기꽃이 그 질문
에 대답을 하는 것 같았다.

'왜 질문을 하시나요? 당신은 저에게 질문을 하고 싶은 것이 아닙니
다. 저는 당신의 이상향. 당신 또한 여러 대지에서 성장하기를 바라죠.
다만 지금 당신에게 응원이 부족할 뿐이에요. 저는 그저 사람들의 응
원에 보답할 뿐이랍니다. 모두가 점점 스러지는 인생을 살아요. 그런
인생 속 버티고 함께 할 수 있는 이유는 당신의 가족들이 딸기를 사 온
이유가 아닐까요?'

'맞아. 나는 끝까지 원하는 아이였어. 그 어떤 조건이라도, 그것이
태양일지라도 견디는 아이였어. 겨울부터 움터올라 봄을 향해 가는 과
정을 나는 부정하고 있었어. 지금은 어깨가 내려가고 어두운 파란 길
을 걷지만 너의 대답으로 다시 나의 길을 찾을 수 있을 것 같아.'

가족들은 계속해서 딸기를 사 왔다. 나를 살아가게 하는 기억을 만
들어줬다. 과일을 잘 모르지 못하던 언니도 목적 없이 얼굴이 시뻘건
딸기와 설렘으로 얼굴을 붉히는 딸기를 구분할 수 있게 되었다. 나의
생기 있는 모습을 보기 위해서였다. 나는 난파하던 배에서 나와 섬에
올라왔다. 그 섬은 딸기꽃이 가득하다. 다시 나에게 삶의 이유를 던져
준다.

지금도 빛이 없는 조그마한 방, 적막에 갇힌 채 시끄러운 소리가 웅

웅 거리며 사납게 맴돈다. 멈출 새도 없이 차가워진 베갯잇은 상처를 벌려 그 사이를 비집는다. 지혈되지 못한 상처는 검붉은 피를 뱉으며 다시 의문을 품는다. 하지만 여기서 그만두지 않는다. 귀를 막고 덮으려 하지 않는다. 얼굴이 상기된 채 설렘을 꿈꾼다.

PS.가족들에게
제가 틱틱거려도 사랑해주셔서 감사합니다.

제비꽃-진실한 사랑

아무것도 모르는 꼬맹이가 언제 이렇게 커서 진실한 사랑을 논할까. 놀이터 시소 타이어 아래에 피어있던 제비꽃 무더기들이 내 뇌리에 박힌다.

처음에는 그저 시소에 올라탄다. 구멍 난 타이어가 구겨졌다 펴지며 시소는 오르락내리락 움직인다. 순식간에 뒤바뀌는 관계를 설명하는 듯 시소가 움직인다. 시간이 지날수록 더 크게 쿵쿵 소리를 내며 마음을 울린다. 가끔은 내려앉기도 한다. 맞아. 언제까지나 좋기만 할 수는 없다. 그럼에도 시소에서 내려올 수는 없다. 울림을 멈출 수 없다. 이미 위를 맛 본 나는 발을 굴릴 뿐이다.

굉음이 커져간다. 굉음을 멈출 수 있을까 머릿속에 회색빛이 드리운다. 어린 마음이 괴롭다고 외친다. 그렇지만... 그래도 다디단 추억이 나를 붙잡아 놓아주지 않는다. 내 건너편의 맑은 웃음소리는 어느덧 화로 가득찬다. 쇠맛이 감도는 입 안에서 어떠한 말도 나오지 않는다. 결국 내 손에 있던 다디단 추억을 내려놓고 시소 밑으로 내려온다. 이제 오냐는 듯 제비꽃 무더기가 나를 반긴다.

PS.과거의 인연들에게
모두 사랑했어. 덕분에 스스로를 사랑할 수 있게 됐어.

흰 민들레-내 사랑을 그대에게 드려요.

내 신발 크기의 자그마한 T가 왔다. 털은 하얀 듯 노란 듯 금빛을 띠었고 윤기 나고 건강했으며 아무것도 모른다는 순진한 눈빛으로 나를 바라보았다. 숨은 가쁘게 이어져 심장소리가 들렸다. 이 자그마한 것도 생명이 일고 소리치고 있었다. 그러나 T이 그릇은 내 손바닥의 네 배가 넘는 크기였으며 쉴 공간은 내 침대만큼 컸다. 대조되어 더 작아보이는 T가 꼬물거리며 자신의 존재를 과시했다. 나의 눈동자는 T를 따라다녔다. T의 금빛 털과 속눈썹은 나의 손으로 또다른 선이 그어져 아름답게 눈 속에 담겼다. 혹여나 겁이 많은 순진함이 상처를 입지는 않을까 나의 행동은 놀란 사람처럼 과장되어 움직여졌다.

어느덧 가방만큼 커졌다. 어느날은 가족들만을 사랑하는 순애보가 되었다가, 어느날은 또 미운 철부지가 되었고, 아무것도 모르는 바보가 되었다. T는 모든 것을 체험하고 싶고 궁금했나본지 모든 것을 입안에 욱여넣었다. T가 망가뜨린 물건을 가리자면 끝도 없지만 밉다기보다 궁금했다. T가 느끼는 세상이 어떻게 움직이는지.

T가 처음 바깥세상을 보게 된 날, 매미가 울고 개구리가 울던 어두운 밤이었다. 아니. 어두운 밤이었나? 달은 유난히 동그래 T의 발걸음은 띄엄띄엄 움직였지만 결국 끝까지 해내었다. 얼마나 많은 환호를 받았는지 얼마나 많은 빛을 받았는지 이루 설명할 길이 없다.

갓 태어난 아기가 세상의 빛을 보고 꼬물거리는 모양새이다. 내 다리만큼 커졌을 무렵 발 밑 길에 피어있는 흰민들레가 보인다. 내 눈빛을 알아채기라도 한 듯 파아란 하늘을 담은 풀밭으로 달려간다. 길가의 시멘트는 아무래도 상관없다. 서로에게 드넓은 풀밭이 되어 부드러운 침대를 만들어낸다. 그 침대에 누워서 말을 건다.

행복은 너를 사랑하는 것이라고.

나의 존재를 몹시 아끼고 소중히 여기는 마음, 귀중히 여기는 마음을 받고 말았다. 감당하지 못할 마음은 힘을 잃지만 나는 기꺼이 받아내고 만다.

PS.T에게

내가 너의 세상을 넓혀줄게. 언제나 건강히 함께하자.

초롱꽃-충실

"너 너무 돈을 많이 쓰는 거 아니야."

"잠 그만 자. 밤에 못 자."

"새벽에 깨서 뭐하는 거야. 너 할 일에 집중해."

여기 바깥에서의 행복에 집착하는 사람이 있다. 속에서는 수많은 목소리들이 자신을 괴롭히지만 표정에서는 티도 나지 않는다. 마치 감정이 없는 사람처럼...

처음은 그저 향락에 빠져있는 듯 했다. 모든걸 돈으로 사는 그를 보고 사람들은 눈 앞의 행복에 충실한 사람으로 보였을테다. 결고의 종이 울리는 상황인지도 모르고. 앞이 희미한 어둠 속에서 가늘게 흔들리는 촛불의 빛을 태양이라 생각하고 쫓고 있는 줄도 모르고. 그의 속마음은 아무도 몰랐다.

'세상의 온전한 진실은 없어요. 제가 찾아 헤매는 것도 없어요. 이러면 행복할 거라 생각했는데 결국 흔들리는 촛불이에요. 한순간의 입바람에 날아가버릴 행복이에요.'

아픔을 견딜 줄 모르는 철부지는 결국 혼이 났다. 하지만 울리는 이명소리가 방해해 귀에 들어오지 않았다. 자신만의 태양도 찾지 못하고 또다시 빛을 찾아 헤맨다. 그는 푸른 빛을 찾고 있다. 꺼지지 않고 계속 타오를 푸른 빛. 하지만 연약하게 흔들리는 불빛을 바라볼 뿐이다.

나중에는 무슨 생각이 들었을까. 그의 친구들이 하나씩 나타나기 시작했다. 몇은 그의 돈을 보고 다가온 현실이었지만 몇은 그의 안위를 걱정하여 다가온 이상이었다. 그의 이상은 그에게 본인의 푸른 빛을 나누어주었다.

'니건 나의 꿈이야. 나의 꿈을 너에게 나눠주는 이유는 네가 찾아갈 거라 믿어. 찾아낼 수 있는 사람이라 믿어.'

어느새 시야가 흐려지고 무언가 그렁그렁 맺히는 기분이 들었지만 곧장 손을 털고 무릎을 털고 일어섰다. 흐려져가는 촛불에게 꺼지지 말아달라고 비는 모습은 사라지고 푸른 빛을 손 안에 들고 일어섰다.

PS.나의 친구들에게
누구나 할 수 있는 말보다 너희의 진실된 한마디가 날 일으켜줬어. 너희가 나의 초롱꽃이야.

분꽃-겁쟁이

흔들리는 바람에 눈을 감는다. 여러 색깔의 선율이 내 얼굴을 간지럽힌다. 웃는 소리가 내 입에서 내 귀로 들려오자면 이질적인 섬뜩한 느낌을 받는다. 금방이라도 바닥은 파도가 되고 벽은 해일이 되어 나를 덮쳐올 것 같은 느낌. 그 느낌은 곧장 현실이 되고는 했다. 무력함이 발 밑으로 스멀스멀 올라찰 때 나는 겁쟁이가 되어 살려달라 빌고 있었다.

그 겁쟁이는 여러 감정을 맛보았다. 그 중 절망이 가장 으뜸이 되어 어떤 희망도 품을 수 없게 만들었다. 희망을 품을라치면 다시 무너뜨려 무릎을 꿇렸다. 다행인지 불행인지 굴복 당하지 않은 정신이 위태롭게 버텼다.

지하철에서 나의 진로에 유망한 사람이 되어 여러 곳을 휘젓고 다니는 꿈을 꾸었다. 잠에서 깨어났을 때는 불쾌하거나 아쉽지 않고 오히려 현실을 이루고 싶다는 의욕이 앞섰다. 그때 앞의 사람이 나에게 말을 거는 듯한 환청을 들었다.

'네가 할 수 있어? 정말?'

그것은 나만의 착각이다. 그렇게 나를 일으켜세운다. 사실 혼자 일어나지는 못했다. 살려달라 비는 모습을 용감은 아주머니께서 물리쳐 주셨다. 온전한 나의 힘으로는 해내지 못했지만 그래도 오늘도 노력한다는 점에서. 물러서지 않는다.

PS.나에게
물러서지 마.

이러한 저러한

수나꽃

수나꽃 대학교를 졸업하고 사회에 뛰어든 초년생입니다. 사람한테 쉽게 상처도
받는 편이라서 하루 있었던 일을 자기 전 곱씹어 보며 더 단단해지려고
다짐합니다. 연애도 마찬가지로 더욱 생각을 많이 하게 되고 혼자 오해
하고 슬퍼하는 타입이라서, 혼자 상처받을 때면 책을 읽어 위로를 받곤
했습니다. 더 나아가서 내가 연애하면서 느꼈던 감정들을 글로써 사람들
에게 공감을 주고 위로를 해주면 어떨까 생각해서 쓰게 됐습니다.

email: lover20182018@gmail.com

눈동자

사랑에 빠진 사람의 눈을 본 적 있어?

그 눈을 보면

일에 지쳐 충혈된 눈동자가

세상에 어떤 무서울 것도 없는 눈동자처럼

바뀌어있어

그래, 맞아

지금 널 보는 내 눈이 그래

마음

나를 보는 너의 눈빛이
너를 보는 나의 눈빛이
서로를 향해 바라보는 우주가
영원히 서로만을 바라보길

바램

네게 바랬던 건
전화를 끊을 때쯤
먼저 끊으라는 애정
울먹이던 내 목소리에
한 걸음에 달려오던 너의 발걸음
그거면 충분했다

겨울냄새

쓰다듬거나 어루만지는 바람이 아닌

살갗을 파고드는 바람이었지만

입고 있던 외투를 벗어주려 했던 너의 모습에 나는

내 목도리를 너에게 둘러줬다

지금은 외출하기 전

외투 속에 핫팩을 넣어주는

너의 모습에 나는

우리가 만났던 계절인

겨울이 항상 기다려진다

향기

평소와 같은 길을 걷다
어디선가 익숙한 향기로운 바람이 코에 들어왔다
향기 따라 고개를 돌리다 댄디한 스타일의
남자가 내 옆을 지나갔다
내 발걸음은 그 사람을 따라가고 있었다
남자를 따라갈수록 여름의 풀 내음이 나기도 하고
선크림 냄새가 나기도 했다
생각났다
1년 전 내가 좋아했던 남자애의 냄새다

어떻게

오늘도 난 멀리서만 너를 바라본다
머리칼을 넘기는 손
모니터를 예의주시하는 눈동자
볼펜을 집었다 놨다 하는
그런 모습을 보고도
어떻게 숨길까 내 마음을
오늘은 커피 한 잔을 주면서
말을 걸어보리라고 다짐한다

높은 층

회사 옥상 건물

15층

작아진 사람들을 내려다보면

손으로 잡아 옮길 수 있을 것 만 같다

그렇게 내가 세상을 가진 것처럼

너도 콕 잡아서

내 앞에 데려오고 싶다

식탁

먹는 모습이 처먹는 모습으로 보인다면
사랑이 식은 거래
그래서 난 고양이가 우유를 조심스럽게 핥아먹듯이
교양 있게 먹으려고 해
뒤돌아 봤을 때 게걸스러운 장면은 심어주기 싫어서

초록

다양한 색이 있는 꽃보단

한 가지 색만 있는

풀을 좋아해

하늘을 향해 곧게 뻗은 단단한 모습이

마치 저 맨 아래

땅속에 있는 내 자존감을

끌어올려 주는 것 만 같아서

닮고 싶었거든

안녕

'안녕하세요'를 먼저 썼던 우리
안녕으로 편한 사이가 되고
헤어지기 아쉬울 때마다 계속 반복하는
안녕, 잘 가, 내일 봐, 우리 또 언제 보지?
어느 순간부터 편안함이 익숙함으로 바뀌고
안녕히 아닌
'잘 지내'로 바뀌었다

더하기

아무리 큰 수를 곱해도
한 쪽이 0이면
답은 0이 되듯
한쪽만 사랑해도
부질없는 사랑이 된다
그래서 난 더하기를 좋아한다
한 쪽이 0이여도
내 사랑은 그대로이니까

No name

연이서

연이서　　　다양한 글을 쓰고 싶은, 성실하고 싶은 연이서 입니다.

콧노래가 하얗고 긴 복도를 메웠다.

감찰 부실로 가는 복도 끝에 자동 유리문이 열렸다. 머리를 깔끔하게 뒤로 넘긴 흰색 정장 차림의 남자가 구둣발 소리를 내며 들어섰다.

"좋은 아침."

고개를 끄덕하면서 인사를 하자 감찰부의 입구에 있던 직원이 일어나 인사를 했다.

그리고 굳은 표정으로 놓여있는 서류를 앞으로 살짝 밀었다.

"안녕하세요. 좋은 아침입니다. 금일 중앙의회에서 내려온 기밀 서류입니다."

항상 같은 아침 그리고 같은 스케줄.

심심할 수 있는 콜로니 내에서 일상에 잠시 돌이 떨어졌다.

"고마워."

웃은 남자는 감찰 부실 입구에 놓여있던 파일을 들고 자신의 방으로 들어갔다. 무슨 내용이 있는지는 안을 열어 보지 않아도 알 수 있다. 내부에 생긴 변절자가 있다는 것.

나사가 빠짐없이 서로 맞닿아서 돌아가는 것처럼, 여러 콜로니가 모여서 만들어진 공화국은 모든 체계가 잘 짜 맞춰진, 하나의 정교한 컴퓨터나 기계 같은 나라였다. 인간이 주관과 감정에 이끌려 할 수 있는 잘못된 선택이나 자신의 이익을 위해서 할 수 있는 선택을 '중앙 공화 기관'의 의원들과 슈퍼컴퓨터를 통해 전체 상황을 관찰하고 판단한다.

맞춰 돌아가는 일상에 잘못된 나사 하나, 혹은 작은 모래가 불순물처럼 끼여서 방해를 하는 것을 축출하고 확인하는 것이 필요했고, 시민은 정찰, 집행부서에서, 그리고 각 행정기관은 중앙의회의 아래 있는 감찰부서에서 확인 관찰을 한다.

'불순물이 있어서는 나라가 제대로 돌아가지 못해', '서로 맞는 역할을 받아서 움직여야 그게 제대로 된 프로그램이지!'

중앙의회에서 추구하는 합리적인 나라가 되기 위해 콜로니 연합은 나라를 세웠다. '인간은 완벽하지 않다.' 하지만 완벽하지 않은 인간을 감시하는 건 같은 인간이어야 했다. 시스템이 완벽하다고 모든 권한을 맡기는 것은 또 다른 문제였다.

컴퓨터는 객관성과 팩트를 확인해야 하는 존재이지 자신들을 지배하는 존재가 아니니까. 자신의 방으로 들어온 그는 서류를 열었다. 얇은 종이가 팔랑 하면서 나오고 그 안에 작은 칩이 심어져 있었다. 칩을 자신의 귀 옆에 있는 검은색의 인식 칩에 가까이 대자 바로 파일이 바로 스캔 되었다. [감찰부장 알레프 인증.] 확인 소리가 나고 암호화된 목록이 인식되었다.

내용의 요약은 시스템에 불만을 가지는 불순물들의 분란이 있었던 '7구역'과 공화국에서 말하는 범죄자들을 가두는 '쓰레기 섬'의 관리를 맡는 '8구역'에 누군가 출입한 내역이 확인되었다는 것. 짧은 시간에 연달아 두 곳을 방문하여 공화 기관 내 소속원이 불순물들을 지원했는가에 대한 확인이 필요하다는 것이었다.

"대상이 집행부 요안나…?"

깜짝 놀란 그가 눈을 깜박이다 귀에 달린 검은 인식 칩을 몇 번이나 눌렀다. 같은 8구역에서 나와 우수한 인재로 발탁되어 함께 중앙 공화 기관에 배치된 친구. 이틀 전에는 알레프와 같이 점심도 같이 먹었었다. 알레프가 방문을 열어 고개를 빼고 입구에 있는 직원에게 다시 물었다.

"이것, 중앙에서 내려온 서류 맞나?"

"예, 그렇습니다."

그 요안나가? 누구보다 중앙에 충성하고 공화국이 원하는 인재상에 가장 가까운 그녀가 감찰 대상이 된다는 것이 믿을 수 없었다. 알레프는 바로 집행부로 향했다.

공화국의 구조는 17개의 동그란 콜로니가 도넛처럼 연결되어 있고 가운데가 '18 콜로니'. 즉 중앙으로 칭하는 중앙 공화 기관이라 해서 공화국의 제어시스템을 관리하는 컴퓨터와 행정기관이 있었다. 수 백 년 전부터 이어진 정치의 형태는 잘못되었다. 인간이 말하는 법치도, 평등도 민주도 모두 인간이라는 변수로 이론은 이미 완벽한데 제대로 이루어지지 않는다.

결국 '*위대한 Mr. D*'라는 뛰어난 선지자는 외면받는 사람들을 모아 세상을 뒤집어엎어 지금의 완벽한 국가시스템을 만들어냈다. 직접적인 감시 감찰은 인간이 그리고 그것에 대한 주관을 배제한 팩트의 확인과 간접적인 것은 시스템으로...

"요안나 안에 있나?"

"안녕하십니까? 알레프, 감찰부장님. 집행부로 들어오실 때는 정확한 절차를 통해야 합니다."

공화국이 생기고 나서부터 처음 태어난 세대를 1세대로 칭해 이제 12세대들이 나라의 구성원으로 활동했다. 12세대로 태어난 여자가 눈을 깜박거리지도 않고 말했다. 인간의 주관성과 개성을 일부러 죽인 것도 아닌데 더 컴퓨터처럼 변해가는 사람들 속에서 특히 더 딱딱한 집행부 사람들을 보고 알레프는 잠시 멈칫했다.

"알았으니까 요안나 좀 불러줘."

"집행부 면회 요청서입니다. 이 부분에 서명하십시오."

말이 끝나기가 무섭게 요청서를 제출하고 집 행실 아래로 내려가는 입구에 막혀서 이리저리 안을 들여다봤다.

"알레프 감찰부장님? 요안나 집행관은 지금 업무수행 중입니다."

"외출을 했다는 말이야?"

"기밀이므로 알려 드릴 수 없습니다."

"나도 업무 수행하러 왔다. 연관 업무인지 확인…"

"알려 드릴 수 없습니다."

"…이 필요하니…"

"알려 드릴 수 없습니다."

했던 말만 되풀이하는 12세대 집행부원을 보고 진저리가 났다. 컴퓨터처럼 주관의 통제가 잘되는 인간이 우수하다고는 하나 일부러 주입식 교육을 시킨 것도 아닌데 세대가 바뀔수록 더 컴퓨터 같아지는 그들도 환경에 적응하기 위한 형태로 변했을 것이다. 답답한 대화를 끝내려던 무렵 약품 냄새를 풍기는 요안나가 장갑을 벗으며 오는 모습이 보였다.

"알레프? 여긴 무슨 일이지?"

"업무지시가 내려와서 파견 가기 전에 들렀…"

처음 맡는 약품 냄새에 알레프가 움찔하며 인상을 썼다. 무언가 탄내 같기도 하면서 쇠 냄새가 나는 것 같기도 하고 깨끗하고 조용한 콜로니 안에서는 처음 맡는 냄새였다.

"감찰부의 업무 지시라니? '불순물' 인가?"

요안나가 외부로 가는 것이면 자신도 나가는 김에 태워주겠다며 차를 대기시켰다.

"너는 어디로?"

"쓰레기 섬이지. 그곳에 레지스탕스의 본거지가 있다는 걸 방금 입수했어. 사전 확인은 필수이니까."

알레프가 미간을 찡그리는 요안나를 보았다. 공화국을 위험하게 하는 불순물들은 그들의 개인적인 이익을 위해 공화국 생존 시스템을 위협한다.

"본거지가 쓰레기들이 있는 곳이라는 것이 매우 어울려."

"그렇군, 나는 7, 8구역을 가니까 같이 넘어가면 되겠어."

자율주행차에 같이 탑승한 알레프가 요안나의 말에 고개를 끄덕이며 그녀를 관찰했다. 눈동자가 날카롭고 매서웠다. 표정만 보았을 땐 감찰 대상으로 보기 어려웠다. 요안나의 시선이 바르게 정면을 향했다가 바뀌는 차창밖의 경치에 따라 시선이 다시 이동했다. 반듯한 건물이 지나가고 둘은 8구역의 쓰레기 섬 관리소에 도착했다. ID를 스캔하고 안쪽으로 들어가는 내내 별말 없던 요안나가 관리소 안쪽까지 들어가서야 알레프에게 말을 걸었다.

"나를 감찰하러 온 건가?"

요안나의 말에 알레프가 움찔했다. 대답을 망설이는 중에 집행 부장 조셉이 문을 열고 들어왔다.

"감찰부에서도 사람이 온다는 말은 못 들었는데? 들어와."

관리실의 안쪽엔 하나의 섬으로 분리된 수용소(쓰레기 섬) 전체를 볼 수 있는 수십 개의 화면이 띄워져 있었다. 화면에는 인간의 행색을 가진 자들을 한 명도 볼 수가 없었다. 두 눈이 없거나 죄의 집행단계에서 쇼크사해서 죽은 시체 혹은 배가 열려 있는 자들이 화면에 곳곳에 보였다. 형태를 사람으로 칭하기 어려운 것 들만이 걸어 다니는 것도 기는 것도 아닌 굴러다니고 있을 뿐이었다.

요안나가 집중하며 화면을 살펴보는 것에 맞춰서 화면을 넘겨주던 조셉이 화면 하나에 멈춰서 노려보는 그녀에게 물었다.

"불순물에게서 이상한 점은?"

"확인 중입니다. 생각보다 용이 주도한 것이 내부의 정보를 받는 것처럼 보입니다.”

아무 일 없던 듯 요안나는 상관인 조셉의 말에 대답하며 화면을 넘겼다. 그들의 모습을 스크린으로 확대해서 이렇게 크게 보는 것은 알레프는 처음이었다. 바뀌는 화면 안에 꿀렁거리며 움직이는 것을 보며 눈을 떼지 못하는데 요안나가 그에게 작업복이 든 가방을 안겼다.

“나도 내려가는 거야?”

“감찰부는 내려갈 필요 없는데, 요안나?”

“감찰부 장인 그에게 확인받을 것이 있습니다.”

확인이 필요한 것은 알레프가 아니라 그녀였다. 그리고 가까이서 그녀를 감시할 수 있는 계기를 만들어 주었다지만 이것이 괜찮은 행동인지에 대해서도 고민이 되었다.

그녀의 말에 결국 세 사람은 엘리베이터를 타고 쓰레기 섬 아래로 내려갔다. 머리에 호흡기가 달린 보호 헬멧을 쓰고 슈트를 입고도 엘리베이터 문밖의 섬에서는 썩은 내가 진동했다.

공화국의 높은 벽과 돔 형태의 실드 밖으로는 사람이 살 수 없는 상태라고 하더니 바다에 떠있는 이런 섬까지도 오염이 심한 상태인 모양이었다. 밖의 공기를 마시면 폐가 쭈그러들지도 모른다는 생각으로 알레프가 자신의 슈트를 꼭 안고 먼저 걸어가는 조셉과 요안나를 따라갔다. 빛이 없는 섬 이곳저곳을 둘러보며 먼저 걸어가던 둘은 온도가 감지된 표시가 된 곳이면 모조리 뒤집어엎으며 따라갔다.

“알레프. 감찰 대상인 나를 이렇게 따라와도 괜찮은 거야?”

자신에게 가까이 다가온 요안나가 귓속말을 하는 바람이 너무 놀라 뒤로 넘어졌다. 엉덩방아를 찧은 그가 일어나려는 데 무엇인가 뒤에서 튀어나왔다. '윽!' 소리를 내며 뒤로 상체가 끌려가는데 헬멧과 슈트가 연결된 접착 부위로 묻은 손이 들어와 마구잡이로 끌어당겼다. 보호 헬멧이 당기면서 목을 꺾어 버릴 듯 당겨지면서 목이 메었다. 시야가 온통 피투성이로 맺히면서 낮에 조안나에게서 나던 이상한 약품 냄새가 같이 섞였다. '불순물'이었다. 불순물은 기괴한 소리를 질렀다. 사람 말을 하는 것 같기도 짐승이 울부짖는 소리 같기도 했다. 놀란 알레프가 같이 소리 질렀다.

"조셉!!!"

놀란 요안나가 알레프의 다리를 잡아당기며 조셉을 불렀다. 제일 앞에 가던 조셉이 전기가 흐르는 3단 진압봉을 쥐고 달려왔다. 뒤에서 잡아당기는 무지막지한 힘에 보호 슈트와 헬멧 사이가 꺾이면서, 알레프는 '목이 꺾여 죽는다.'라는 생각을 했다. 이런 식으로도 죽을 수 있나? 그는 일반적인 공화 국민처럼 자연스럽게 안치될 것이라 생각했는데 이건 예상치 못한 죽음이었다. 그 순간 요안나가 슈트와 헬멧 사이를 분리하는 버튼을 눌렀다.

'안돼! 그걸 누르면!'

오염된 공기에 노출되어서 피부가 상한 걸 치료하는 것이 목뼈가 부러져서 죽는 것보다는 치료가 쉬울 것이라는 판단으로 한 행동이었다.

* * *

쓰레기 섬은 공화국에서 죄를 지었다고 판단한 이들을 가두는 범인 수용소다. 아무것도 없는 섬에 죄를 지은자들은 감시, 축출, 판단, 집행의 4단계 절차를 통해서 배설물을 버리듯 하수관을 통해 쓰레기 섬으로 버렸다. 섬안으로 떨어지면 그곳에서 나올 수가 없었다. 자원이 부족한 지금의 지구에서 공화국은 인간도 자원으로 취급했다. 적절한 인구수를 유지하기 위해서는 쓰레기 섬 행이 결정 난 자의 신체가 어딘가에는 필요할 수 있는 법이어서 컴퓨터의 부품처럼 분리해 사용한다.

공화국 밖은 공기 정화 시스템이 돌지 않는 일산화탄소가 가득한 곳이었다.

"알레프?"

부르는 소리에 눈을 번쩍 떴다. 시야에는 요안나와 조셉이었다. 그는 스크린을 보던 상태로 의자에 앉아있었다. 자리에서 일어나 몸을 더듬거리며 주변을 어지럽게 돌아보았다.

"제가… 졸았습니까?"

"스크린을 보다 조는 경우는 종종 있는 일이지."

조셉은 대수롭지 않게 대답했다.

"원래 가보려던 7, 8구역에 가봐야 할 텐데. 이 시간까지 졸아서야 그건 힘들겠군. 귀가시간이야."

그들에게 끌려 돌아가는 차를 탔다. 꿈을 꾼 건지 알 수 없는 경험이었다. 공화 국민으로서 처음으로 쓰레기 섬에 내려가 본 경험. 그리고 불순물들이 자신을 끌고 가려고 했던 것. 요안나가 분리해버린 슈트. 오염된 공기에 노출되어 피부가 상했을 경험. 그것이 진짜라면 알레프는 자다 깬 말끔한 상태가 아닌, 치료를 받아야 하는 중환자 상태여야

했다. 가스에 중독되었거나 어딘가 손상이 되었어야 하는…

"그래서 감찰 대상이 내가 맞아?"

"… 그것보다 섬에 내려갔었던 것 같은데…"

"아니, 허가 없이는 마음대로 못 가는 곳이야."

딱 잘라 이야기하는 요안나 때문에 알레프는 자신이 한 경험이 정말 현실인지 꿈인지 더 분간이 가지 않았다. 누군가 알레프의 인식 칩에 대고 이상한 기억이라도 흘러 넣었던 건 아닌지 귀 뒤에 심어진 인식 칩을 더듬었다. 손가락 끝에 끈적한 핏자국이 묻어 나왔다.

"감염되었군."

요안나의 말에 알레프가 반사적으로 차에 있는 소독용 티슈를 뽑아 닦았다. 역시 섬에 내려간 것이 맞았다. 금방 알게 될 걸 왜 숨겼는지 보다 알레프 자신을 감염시켰다는 것이 더 충격적이었다. 정화되지 않은 쓰레기 섬의 공기에서 헬멧을 벗겼고, 그때 몸 안에 들어온 바이러스 때문에 장기부터 손상되어 죽을 것이다.

"요안나! 어떻게 네가!!"

"조용히 이야기해 감찰부장님."

요안나가 품에서 전파방해 EMP를 꺼내 차 천장에 붙였다.

"네가 본 것이 꿈인지 현실인지 보다는 그것을 믿느냐 안 믿는가 쪽이 더 중요하지."

"'*위대한 Mr. D*'의 시스템을 벗어나는 행동을 하려는 것은 믿어지는 데."

요안나는 알레프의 말에 웃음만 지었다. 공화국의 시스템을 세운

'*위대한 Mr. D*'는 그가 세웠을 당시에는 공화 국민을 지키는 좋은 의도였을지도 모르지만 지금은 그들이 말하는 전제가 달라졌다면? 상황이 우리도 모르는 사이에 변했다면? 의문이 꼬리를 물고 이어지면서 요안나는 다른 마음을 가지게 된 것 일지도 모른다.

"그리고 감찰 대상이 되더라도 너에게 침투한 불순물을 제거할 수 있다면 그 정도 위험은 감수할 수 있어. 중앙에 우리는 중요한 인재니까."

"알레프, 조금은 의심하는 버릇을 들여봐. 너는 어떻게 무사히 숨쉬고 있지?"

요안나의 말이 끝나자마자 움직이던 차의 창문이 열렸다. 알레프가 열린 창 너머로 시선을 옮기며

대답했다

"그건 바로 회복 프로그램을 돌려서 치료했기… 때문…"

알레프의 말이 느려졌다. 익숙하다 생각했던 시선 너머 EMP가 달린 차가 지날 때마다 스크린이 전파방해로 픽셀이 흩어지는 것처럼 '치직' 거렸다.

"감염을 완전히 없애 버릴 백신이 있었다면 굳이 외부와 격리를 할 필요가 있을까? "

"실용화의 문제 때문에 그런 것이지 시스템에는 문제가 없어" "쓸모가 사라질 일부 시스템이 '포맷'을 두려워해서 인간을 속이고 있다는 생각은?"

"시스템에는 자아가 불가능해."

요안나의 의문에 알레프가 차분히 반박을 했다. 인간의 주관과 판단을 돕고 원활한 효율을 위해 그리고 생존을 위해 만들어진 시스템이 스스로 생각하여 인간이 프로그래밍한 너머로의 활동은 불가능하다. 알레프는 요안나의 모든 의문에 방어했다.

"시스템… 컴퓨터는 자기 방어 시스템이 불가능해. 인간을 돕고 생존을 돕기 위한 것이지 진화하는 살아있는 존재가 아니야."

알레프의 단호한 말에 요안나가 어깨를 으쓱했다. 난생처음 보는 제스처에 알레프가 의아해했으나 바로 그것에 대한 감각적 의미를 받아들였다. 그리고 창밖의 현상을 무시했다.

빔으로 영상을 띄운 것처럼 전파 방해로 건물이 띄워진 픽셀이 흩어지며 너머로 푸른 잎사귀가 보였다. 알레프가 차 아래를 쳐다봤다. '의심하지 말라.' 알레프는 자신이 태어나서 처음 배운 문장을 되뇌었다.

콜로니의 도로들은 모두 깨끗하게 닦여 있다. 지금 지나는 도로처럼 모래와 흙이 떨어진 곳이 아니었다. 한참을 흙 길이 이어지다가 매끈한 도로가 다시 이어졌다. 콜로니 간의 이동은 자율주행차로 이루어진다. 걸어서 콜로니 간의 이동은 불가능했기 때문에 멀리 떨어진 곳까지 가기 위해 자율주행 기술에 힘썼다고 했다. 도로나 공화국 밖에서 실드를 보수하는 감염이 되지 않는 건축 로봇들이 한다고 했다. 분명 그렇게 배웠다. 하지만 다시 알레프의 마음에 의문이 든다.

요안나가 EMP를 떼어내자 바로 차가 멈추고 차 문이 열렸다. 둘이 같이 떠났던 건물의 입구였다. 차가 도착하자마자 공화국의 보안요원들이 달려와 그들을 둘러싸고 요안나의 머리에 전기총을 겨눴다. 수백만 볼트가 쏘여지는 전기총에 이마를 대고 요안나가 양손을 들고 서있 었다.

"불순물의 이송이 필요합니다."

요원들이 알레프와 요안나 사이를 갈라놓으면서 알레프의 몸을 스 캔했다. [바디스캔, 이상 없음.]

"아무리 EMP를 사용해서 감시를 잠시 차단한다 해도 항상 중앙의 시선 속에 있기 때문에 소용없어. 잠시 감찰 부실에서 기다려."

"벌써 다른 임원들처럼 '시스템화' 된 건가?"

"그게 무슨 소리지?"

요안나의 이상한 말에 의문을 표하는데 갑자기 집행부가 있는 중앙 의 동쪽 건물이 폭발했다. 엄청난 폭발음과 함께 공기가 울리면서 공 중에 먼지가 날아오르고 뿌연 연기가 거센 바람과 함께 몰아쳤다. 지 하에서 폭발이 일어난 건지 심문 실과 집 행실로 들어가는 지하 게이 트가 흔적도 없이 주저앉았다. 갑작스러운 폭발과 진동에 보안요원들 이 휘청이자 요안나가 총을 발로 차 뺐었다. 전기총을 들고 바로 앞의 요원을 지져버린 그녀는 알레프의 귀 뒤에 인식 칩에 총을 대고 인질 로 삼아 요원들을 위협했다.

"미래 임원이 되실 알레프 감찰부장님을 살리고 싶으면 비켜."

"요안나! 그만둬!"

뿌연 연기 사이로 요안나가 알레프를 끌고 들어갔다. 주변을 온통 메우는 이상한 냄새에 알레프가 에 코를 킁킁댔다. 맡은 적 있는 약품 냄새다. 오늘 지하의 집 행실에서 요안나가 나올 때 같이 났던 그 묘한 약품 냄새…

"화약냄새야. 우리 인간들이 잃어버린 불의 냄새. 기계와 컴퓨터들은 절대 가질 수 없는 감각이지"

요안나가 품에 가지고 있던 뾰족한 연결잭 뚜껑을 벗겨 수십 개의 연결 침을 알레프의 목 뒤에 꽂았다. 그 무지막지한 행동과 아픔에 알레프가 소리를 질렀다. 연결 침의 끝을 잡고 요안나가 그를 건물 내부로 끌고 들어갔다. 건물 내부에서 수많은 요원들이 달려 나오는 족족 요안나가 쏘는 전기총을 맞고 쓰러졌다. 너무나도 쉽게 지지직거리는 소리를 내며 쓰러졌다. 요안나가 그들의 뒷목을 피부를 찢어내듯이 잡아 뜯었다.

뜯긴 요원들의 목안에 복잡하게 이어지는 무수한 케이블이 보였고 그것을 거칠게 잡아 뜯어버렸다. 요안나의 행동은 사람을 분해 찢어 발기는 집행부였기 때문에 가능했던 걸까? 잔인한 모습에 경악을 했다.

"요안나 너 정말 미친..!!!"

"너는 이것이 사람으로 보여?"

붉은색 액체가 분리된 머리에서 흘러나왔다, 그것은 어떤 냄새도 나지 않는 투명한 액체였다. 알레프가 그 모습을 보며 목 뒤의 통증도 잊고 소리를 질렀다. 하지만 잘 보자 그것은 사람의 얼굴을 한 반 기계였다. 붉은색의 액체는 피가 아니었고 이상한 액체 같았다. 피에서 나야 할 냄새도 끈적임도 손끝에 느껴지는 밀도도 모두 인간의 것이 아니었다. 미끌미끌한 것이 꼭 자신이 쓰던 선반에 달린 경첩이 뻑뻑할 때 바르는 윤활제 같았다.

"이건..."

"바디스캔을 할 때 너는 이상 없음으로 확인되었어 알레프. 우리는 안전과 자유, 생존이라는 이름 아래에 보이지 않는 제한과 눈속임을 당하고 있어."

쓰레기 섬에서 외부의 공기에 노출되어 죽는다고 생각했다. 그리고 불순물에 접촉 당해 감염되어 죽는다고 생각했었다. 충격에 기절했다 눈을 뜨니 그는 멀쩡했고 그것은 꿈이기에 그렇다고 생각했다. 하지만 아니었다. 접촉의 흔적이 있는데도 몸의 감염이나 이상을 확인하는 바디스캔에서 자신은 이상이 없었다.

"'MR. D'가 세운 시스템은 우리를 속였다."

그리고 다시 한번 폭발음이 들렸다. 건물이 흔들거렸다. 그녀가 복도에 있는 임시 컴퓨터에 알레프의 목 뒤에 박힌 침에 연결했다. 빠르게 넘어가는 코드들 안에서 그녀가 가져온 파일을 심었다. 순식간에 알레프의 머리가 멍 해지고 주변에 온통 비프음이 가득 찼다. 머리가 찢어질 듯이 아프면서 귀 뒤에 심어진 인식 칩이 뜨겁게 달아올랐다. 관자놀이의 힘줄이 바싹 서면서 이마 위로 빨갛게 부풀어 올랐다.

"그만해! 요안나!"

머리를 찢어버리는 고통에 몸부림치면서 알레프가 바닥에 나뒹굴었다. 요안나가 그를 붙들었다.

"참아, 네 인식번호를 해킹해서 뇌와 칩의 도킹을 해제하는 중이니까."

알레프는 죽을 듯한 비명을 질렀다. 유전자 제어로 콜로니에서 태어난 모든 인간들은 인식번호가 새겨진 칩을 뇌와 '도킹'시켜 지식, 감각 그리고 원격으로 명령 등을 자동으로 할 수 있는 감각기관으로서 사용했다. 'MR. D' 가 구축한 올바른 시스템을 더 빠르게 받아들여 닮아가고자 한 노력의 첫 번째였다.

뇌에 깊게 박힌 칩을 분리한다는 건 신경을 그대로 뽑아내는 것과 같은 고통이었다. 차라리 전기총에 지져 죽였으면 좋겠다고 알레프가 생각하며 비명을 질렀다. 뇌에 깊게 뿌리 박힌 칩이 뽑혀 나가는 그 순간 컴퓨터의 전원이 나가버리듯 알레프의 의식이 닫혔다.

* * *

"요안나! 실드 유지 동력을 꺼야 해. 그래야 중앙시스템을 '포맷'하고 '리부팅' 할 수 있어."

연달아 들리는 폭발음과 부서지고 깨지는 굉음 사이에서 요안나를 부르는 목소리가 들렸다.

"중앙기관에서 일하는 사람들은?"

"지하 케이블을 차단하니까 공화국 초기에 '시스템화' 된 인간들은 모두 전원이 나갔어. 네 친구는?"

요안나의 시선을 따라 그들이 기절한 알레프를 업었다. 알레프를 지금처럼 인질로 삼을 생각은 없었다. 단지 그가 감찰부장이기 때문에 중앙기관에서 비교적 자유롭게 다닐 수 있다는 것과 마침 요안나와 아는 사이라는 것 때문에 그를 인질로 해서 내부 출입을 위한 도구로 이용하려던 것뿐이다. 요안나는 이미 알레프에게 많은 암시를 주었다.

일상에서 그리고 같이 동행하면서.

"기절했어. 데려가야 해"

"섬에서 봤을 때부터 느낀 건데 너무 기절을 잘하는 것 아냐? 이 친구."

요안나가 웃었다.

"인간이어서 그래."

"바이러스 침입, 불순물이 발견되었습니다. 바이러스 침입, 불순물이 발견되었습니다."

시끄러운 알림 음이 뜨면서 공화국 전체에 시스템의 메시지가 울려 퍼졌다. 그리고 알레프는 다시 꿈을 꿨다. 요안나가 자신의 인식 칩을 잡아 찢는 고통에 기절을 했는데 그대로 꿈까지 꿨다. 흐릿한 시야 너머로 요안나가 웃고 있었고 그녀는 분주하게 중앙시스템을 부시고 있었다.

[인간이 잃어버린 자연의 냄새]라고 했던 화약냄새가 진동을 했다.

"요… 안나?"

이미 자기 방어시스템을 진행중인 컴퓨터의 보안을 뚫고 해킹해서 조작한다는 것은 어렵지만 불가능한 일은 아니었다. 하지만 그들은 왜인지 때려 부수고 싶었다.

주변에 떨어진 아무 자재나 물건으로 마지막 비상음을 내는 컴퓨터를 부셨다.

"바..러스 침입, 불순물.. 발견.. 지직…바이..러…발..견.."

기계가 하나 둘 부서짐에 따라 공화국 전체를 씌우고 있던 실드가

사라지면서 푸르고 높은 하늘이 보였다. 부셔진 건물의 틈새로 공화국 바깥의 공기가 흘러 들어왔다.

'MR. D'는 인간을 지키기 위한 시스템을 만들기위해 외면 받는 인간을 위해 슈퍼컴퓨터를 만들었다. 수 백 아니 수 천 년 걸릴 생존을 위한 일이었다.

하지만, 어느 순간 컴퓨터는 인간이 자신들이 제어하는 틀에서 벗어나는 걸 두려워하게 되었다. 자신들의 필요성이 사라지면 삭제될 것을 걱정했다.

"위협하는 천적을 닮아간다고 하지. 시스템처럼 해킹을 해서 망가트리는 건 마음에 들지 않아요"

요안나는 그들의 눈으로 무식 할 수도 있지만 보다 인간적이라고 생각했다.

낯선 태양빛에 알레프가 눈을 떴다.

깨진 어항 같은 실드의 잔해 너머로 밝은 태양이 내리쬐었다. 무채색의 건물들 너머로 푸른 잎이 보였다.

"일어나 알레프. 무제의 세상이야."

삶이 그대를 속일지라도

윤오

윤 오   한참 전에 유행했던 좀비 영화 워킹데드를 보면서 느꼈던 생각의 편린을
          모아 일상생활에서 있을 법한 슬픔과 불행에 버무려 첫 단편 소설을 시
          도했다. 목적지를 향한 어느 지점쯤 있는 글이 된 거 같다. 영라처럼 역사
          가 없는 것보다는 흑역사라도 만들어 보자는 마음으로 시작했으니 앞으
          로 발전된 글을 집필할 수 있기를 희망해본다.

기괴한 소리로 으르렁거렸다. 뻣뻣한 팔다리로 쓰러질 듯 걸어오더니 이빨로 물려고 덤벼들었다. 순식간에 수백의 좀비 무리에게 둘러싸인 채 이제 죽었다고 생각한 남자는 총으로 자기 머리를 겨누었다. 그 순간 눈앞에 보이는 피신처로 피하면서 좀비 무리 가운데 고립되었다. 이를 우연히 발견한 피자 배달부의 도움과 기지로 남자는 다른 생존자들과 합류하게 되었다. 보안관이었던 남자는 근무 중 심한 총상을 입었고 병원에서 눈을 떴을 때 세상은 이미 좀비들로 모든 것이 마비된 상태였다.

영라는 빗소리에 눈을 번쩍 떴다. 빗방울이 후드득 소리를 내며 쏟아지고 있었다. 거친 빗줄기가 바람에 실려 창문을 연신 두드려댔다. 곧 비가 올 것 같으니 창문을 닫으라던 언니의 목소리를 잠결에 들었던 것 같다. 조카 민유의 유치원 버스를 놓치지 않으려고 급히 나서는 분주한 소리가 멀어지자 다시 깜박 잠이 들었다. 부스스 일어나 베란다 창문을 닫아놓고 밖을 물끄러미 내다보았다. 사각의 아파트 건물들과 그 사이로 보이는 하늘이 수채화처럼 흐릿해 보였다. 장마가 시작되려는 모양이었다. 이렇게 비가 오기 시작하면 야외 촬영이 많은 날은 고생길이었다. 해가 나오는 순간만 고대하며 기다려야 할 이번 아르바이트 때문에 영라는 요즘 좋아하지 않는 장르였던 좀비 영화 시리즈를 보느라 늦잠 자는 날이 많아졌다. 시나리오 작업이 잘 안 풀릴 때는 영화를 보는데, 이번에 친구 현근과 함께하는 보조출연자 아르바이트가 좀비 영화라서 인기 시리즈였던 좀비 영화를 찾아보게 되었다. 영화 촬영장에 구경하러 갔다가 인원이 부족하다는 이유로 같이 보조출연자가 된 일을 현근이는 매우 재밌어했다. 영라의 부모님은 영라가 회사에 취직해서 월급을 꼬박꼬박 받길 원하지만, 영라는 잠시였지만 회사 경험은 충분하다고 생각했다. 그런 영라의 엄마는 얼마 전 보란 듯이 취직했다. 나라에서 운영하는 국립유치원 실버 선생님 교육프로그램을 최근에 이수하고 거주지 근처 가까운 국립유치원에 곧 배정받아 출근할 예정이었다. 사설 유치원과 달리 국가에서 관리 운영하는 국립유치원이기에 비용이 아주 저렴할 뿐만 아니라 교육프로그램을 이수한 실버 선생님들이 오전 오후 교대근무로 출근하여 아이들을 돌봐주기 때문에 아이들은 정서적 안정을 느낄 수 있고 실버 선생님들도 체력을 아낄 수 있었다. 물론 행정업무를 주로 담당하는 상주 선생님도 따로 한 분 있다고 했다. 무엇보다 맞벌이 가정이 점점 더 늘어가는 현실에 국가에서 어린아이들을 책임지고 키우고 기초교육을 맡아준다는 정책은 참으로 다행한 일이 아닐 수 없다. 영라의 언니 희라도 조만간 민유를 국립유치원에 등록할 예정이다. 영라는 언니에게 생활비를 넉넉히 내놓지 못하는 것이 조금 미안한 마음이 들었다. 바쁘다는 핑계로 민유도 자주 못 돌봐주고 있으니 더욱 그랬다. 요즘 작업 중인 시나리오가 잘 마무리되면 일이 잘 풀릴 텐데 하는 생각만 가득했다. 몇 번의 실패작에도 영라는 시나리오 작업을 아직 놓지 못했다. 며칠 전 보조출연 관리자의 연락을 받았다.

"영라씨, 좀비 영화 좀 많이 봤어요? 국내 영화나 외국영화 같은 거... 일단 연구 좀 해봐요."

'좀비라니... 좀비 영화는 취향이 아니다.'

영라는 누군지도 못 알아보게 분장할 것이 분명하다는 생각에 자기도 모르게 고개를 가로저었다. 시나리오 작업은 이전 작품과 다르게 더디게 진행됐다. 계속 끄적거려도 도무지 마음에 들지 않았다. 영라는 해낼 수 있다고 완벽하지 않아도 괜찮다고 자신을 독려했다. 그래도 흑역사라도 있는 것이 낫다고 스스로 위안하며 개선하고 보완해나가는 것이 조금씩 발전하는 것으로 생각했다. 갑갑한 마음으로 창 너머 비 오는 하늘을 바라보던 오후, 언니 희라는 영라에게 조심스레 다가왔다.

"영라야... 엄마 아빠가 너한테는 말하지 말라고 하셨는데... "

언니 희라는 심상치 않은 분위기로 말을 꺼냈다.

"어...? 무슨 일 있어?"
"엄마가... 최근에 속이 자주 안 좋으셔서 병원에 가보셨나 봐. 정밀
검사를 해봐야 할 것 같다고 해서 검사도 받으셨는데..."

엄마의 몸에 큰 종양이 보였다고 했다.
아무래도 급성 종양 같다고 되도록 빨리 제거 수술을 받는 것이 좋
겠다는 진단을 받았다는 것이었다. 초음파상으로는 악성인지 아닌지
판별하기 쉽지 않으며 악성이라면 수술을 해봐야 전이됐는지 여부도
알 수 있다고 했다. 식구들은 놀라고 내심 걱정하면서도 크게 내색하
지 않았지만, 엄마는 큰 수술 날짜를 받아놓은 사람 같지 않게 차분하
고 씩씩했다. 영라는 매일 통화로 엄마의 목소리를 살폈다.

"너 괜히 걱정할까 봐 말 안 했지. 엄마 수술 잘 받고 말끔할 텐데
뭘."

엄마는 마치 수술이 남의 일인 것처럼 평온해 보였다. 아무 일도 없
었던 것 같은 엄마의 목소리와 분위기가 평상시와 다를 바 없다는 게
비현실적인 것 같았다. 수술을 앞둔 엄마의 심정을 헤아릴 수 없어서
서글픈 생각이 든 영라는 갑자기 감정이 북받치면서 눈시울이 붉어졌
다. 요즘 어쩔 수 없이 계속 보고 있는 좀비 영화의 고달픈 삶을 들여

다보고 있어서였을까... 엄마도 아직 아무렇지 않게 씩씩한데 영라 자신이 몸살을 앓고 마음이 아파지는 것은 좀비 영화 탓이라고 생각했다... 매일 삶과 죽음의 갈림길에서 외줄을 타는 기분으로 산다는 것이 얼마나 지옥 같을까... 그러나 그들은 웃는다. 아주 사소한 순간일지라도. 오늘의 축복이라고 여겨지는 순간에. 영라는 생각했다. 산다는 것은, 삶이라는 것은 왜 아름답다고들 하는 걸까... 삶은 유한하기 때문에 아름다운 건가... 짧은 시간이 가치 있고 아쉬워서...? 그럼 무한한 것은 아름답지 않은가? 무한한 것도 아름다울 수 있다. 우주처럼, 하늘처럼, 어머니의 사랑처럼. 유한한 것에는 언젠가 끝이라는 아쉬움이 있다. 끝이 기다리고 있는 유한성. 끝이 있어서 좋은 경우도 물론 있겠지만... 유한한 것에는 그 유한하므로 인하여 알 수 없는 애처로움이 깃들어있다. 유한성 자체가 애처롭게 느껴진다. 영라는 생각이 이쯤에 이르자 좀비 영화는 무서운 이야기라기보다 인간에 대해 매우 애처롭고 슬픈 이야기라고 생각했다. 뇌를 손상하기 전에는 불에 타죽어도 다시 좀비로 깨어나는 시신들... 그런 생지옥 같은 상황 속에서 좀비들과 맞서며 삶을 이어가는 사람들은 운이 좋으면 빈집과 빈 상점을 뒤지며 식량과 생필품을 해결한다. 상태가 양호한 식량은 대부분 통조림이나 인스턴트 류 식품들이다. 아주 운이 좋으면 신선한 식량을 얻는 경우도 있지만 대부분 그런 호사는 그리 오래가지 않는다. 좀비와 맞서느라 늘 피를 덮어쓰고 의류는 물론 행색이 말끔한 경우가 드물다. 언제 어디서 나타나서 공격할지 모르는 좀비들 때문에 발 뻗고 편히 잠들 수도 없다. 안락한 인간으로서의 삶이 완전히 붕괴한 세상에서 그들은 무엇을 향해 힘겹게 나아가는 것일까? 더구나 인간이길 포기해버린 인면수심의 인간들과도 어쩔 수 없이 대적하면서 삶을 이어나가는 것은 어떤 의미가 있는 걸까? 삶이란 무엇일까

수술을 하루 앞두고 병원에 입원한 엄마는 이전의 차분하고 씩씩한 분위기는 온데간데없이 사라졌다. 고도로 발달한 의술로 비교적 간단할 거라 예상했던 수술 방법과 범위를 간호사에게 설명을 들은 직후부터였다. 사뭇 생각했던 것보다 절개 부위도 컸고 범위도 넓었다. 엄마는 용기를 가지고 의연해지려 했지만 바로 코앞에 다가온 피할 수 없는 현실에 결국 우울감과 불안감을 이기지 못했다.

"난... 살 만큼 살았다... 이제 더 살아서 뭐 하겠니... 아등바등 연명하기도 구차하다... 난 항암 치료는 안 받으련다..."

슬픈 어조가 깔린 목소리가 가늘게 떨렸다. 작은 체구에 유난히 약한 체력으로 그동안 부지런히 건강관리를 해왔는데, 아기 낳을 때 이후로 병원에 입원 한번 한 적 없었는데 큰 수술을 받게 되었다. 공든 탑이 무너진 듯 억울하고 서러운 생각이 들었다.

"엄마... 왜 그래... 수술도 잘 될 거고, 별일 없을 거야"

영라는 좀 더 위로될 말을 찾으려 애쓰며 좀비 영화를 보는 내내 궁

금했던 하나의 물음이 계속 떠올랐다. 인간에게 희망이란 무엇일까... 내일은 오늘보다, 내년은 올해보다, 다음 순간은 지금 이 순간보다 조금 더 괜찮을 거라는, 조금 더 나아질 거라는 기대를 하는 것이 아닐까... 그런 기대가 있어서 지금이, 오늘이 좀 더 견디기 쉬워지는 것, 그런 기대조차 전혀 의미 없는 상태라면 어떨까... 그래도 희망은 있다고 기대하며 믿어야 할까... 믿는 자에게 복이 있다고 했다. 웃으면 복이 온다고도 했다. 이왕이면 웃으면서 긍정적으로 믿어봐야겠다고 생각했다. 희망이 없어 보이는 상태에서도 사람들은 기적이라는 희망을 찾는다. 희망을 놓치고 싶지 않아서 기적을 바라고 찾는다. 긴 삶의 여정에 희망은 필요하다. 희망에 지치지 않기 위해 현재의 행복들이 필요하다. 현재의 소소한 행복을 느끼며 희망을 찾아가는 길이 인간다운 삶의 여정이 아닐까 하고 영라는 스스로 그렇게 정의 내려보았다. 인간은 사색할 수 있는 뇌의 발달로 희망이라는 개념을 만들어 인간을 계속 단련시켜온 것이라고 영라는 생각했다. 인간의 가장 우수한 부분인 뇌를 공격하여 점령하는 좀비 바이러스... 그러나 그 무지막지한 좀비 바이러스도 사람들이 살아있을 때는 활동하지 못한다는 것이다.

세 시간의 수술을 마치고 회복실에서 입원실로 돌아온 엄마는 배가 아프다는 호소를 하며 마취에서 깨어났다. 다행히 전이된 곳은 없었다. 급성이라 악성종양 초기 단계에 발견해서 수술한 것은 잘한 일이었다. 이제 통증이 가라앉고 상처가 잘 아물어서 기운을 회복하는 일만 남았다. 영라는 시원한 공기를 마시러 나왔다가 오랜만에 유치원에 민유를 데리러 갔다. 내일은 야외 촬영 날짜가 잡혀서 종일 밖에서 떠돌아야 한다.

"이모! 이모랑 걸으니까 좋아."
"이모도 민유랑 걸으니까 참 좋다."
"이모, 이제 외할머니 안 아파?"
"응, 이제 안 아프셔, 더 건강해지실 거야 "
"이모! 있잖아. 우리 유치원에 좀비 있다! "
"어? 그래...? 어떻게 생겼어?"

장대비가 그치고 날은 맑았지만 뜨거운 햇빛 때문에 습도를 머금은 대지는 이글이글 타들어 가는 무더위가 오고 있었다.

라포르

발행 2022년 9월 20일

지은이 박지연, 강하이, 강은주, 서수상, 박제원, 허종주, 수나꽃, 연이서, 윤오

라이팅리더 정성우

디자인 윤소정

펴낸이 정원우

펴낸곳 글ego

출판등록 2019.06.21 (제2019-000227호)

주소 서울특별시 강남구 테헤란로216, 12층 A40호

이메일 writing4ego@gmail.com

홈페이지 http://egowriting.com

인스타그램 @egowriting

ISBN 979-11-6666-175-4